12080624 PRESENTE ARTE 2 ED3

Acesse
www.moderna.com.br/ac/livroportal
e siga as instruções para ter acesso
aos conteúdos exclusivos do **portal**
e fazer *download* do **livro digital**.

CÓDIGO DE ACESSO:

A 00076 PREARTE3E 2 81010

MODERNA

PRESENTE ARTE 2

Rosa Iavelberg
Doutora em Arte-Educação pela Escola de Comunicações e Artes da Universidade de São Paulo. Professora da Faculdade de Educação da Universidade de São Paulo. Atua na formação continuada de professores de Arte.

Tarcísio Tatit Sapienza
Graduado em Arquitetura pela Faculdade de Arquitetura e Urbanismo da Universidade de São Paulo. Artista e arte-educador atuante na produção de materiais educativos e na formação de professores de Arte.

Luciana Mourão Arslan
Doutora em Educação pela Faculdade de Educação da Universidade de São Paulo. Mestre em Artes pelo Instituto de Artes da Universidade Estadual Paulista Júlio de Mesquita Filho (Unesp). Professora do curso de Artes Visuais da Universidade Federal de Uberlândia. Desenvolve pesquisa como artista e professora.

COORDENAÇÃO PEDAGÓGICA
Neuza Sanchez Guelli

3ª edição

© Rosa Iavelberg, Tarcísio Tatit Sapienza,
Luciana Mourão Arslan, 2012

Coordenação editorial: Marisa Martins Sanchez
Edição de texto: Ligia Ricetto, Cristiane Maia
Coordenação de *design* e projetos visuais: Sandra Botelho de Carvalho Homma
Projeto gráfico: Mariza de Souza Porto
Capa: *Criação*: Sandra Botelho de Carvalho Homma
  Produção e direção de arte: Aurélio Camilo
  Ilustrações: Renato Ventura
Coordenação de produção gráfica: André Monteiro, Maria de Lourdes Rodrigues
Coordenação de arte: Maria Lucia Ferreira Couto
Edição de arte: Marcia Nascimento
Ilustrações: Andrea Ebert, Bruna Ishihara, Filipe Rocha, Florence Breton, Marcio Levyman, Paulo Manzi, Tatiana Paiva
Coordenação de revisão: Elaine C. del Nero
Revisão: José Alessandre da Silva Neto
Pesquisa iconográfica: Denise Durand Kremer, Aline Chiarelli Reis, Vanessa Manna
Coordenação de *bureau*: Américo Jesus
Tratamento de imagens: Arleth Rodrigues, Bureau São Paulo, Fabio N. Precendo, Pix Art, Rodrigo Fragoso, Rubens M. Rodrigues
Pré-impressão: Alexandre Petreca, Everton L. de Oliveira Silva, Helio P. de Souza Filho, Marcio H. Kamoto
Coordenação de produção industrial: Wilson Aparecido Troque
Impressão e acabamento: EGB Editora Grafica Bernardi Ltda.
Lote: 223.337

Dados Internacionais de Catalogação na Publicação (CIP)
(Câmara Brasileira do Livro, SP, Brasil)

Iavelberg, Rosa
  Presente arte / Rosa Iavelberg, Tarcísio Tatit Sapienza, Luciana Mourão Arslan ; [coordenação pedagógica Neuza Sanchez Guelli] . — 3. ed. — São Paulo : Moderna, 2012. — (Projeto presente).

  Obra em 5 volumes para alunos do 1º ao 5º ano.
  Bibliografia

  1. Arte (Ensino fundamental) I. Sapienza, Tarcísio Tatit. II. Arslan, Luciana Mourão. III. Guelli, Neuza Sanchez. IV. Título. V. série.

12-02455   CDD-372.5

Índices para catálogo sistemático:
1. Arte : Ensino fundamental   372.5

ISBN 978-85-16-08062-4 (LA)
ISBN 978-85-16-08063-1 (GR)

Reprodução proibida. Art. 184 do Código Penal e Lei 9.610 de 19 de fevereiro de 1998.
Todos os direitos reservados
EDITORA MODERNA LTDA.
Rua Padre Adelino, 758 - Belenzinho
São Paulo - SP - Brasil - CEP 03303-904
Vendas e Atendimento: Tel. (0_ _11) 2602-5510
Fax (0_ _11) 2790-1501
www.moderna.com.br
2017
Impresso no Brasil

1 3 5 7 9 10 8 6 4 2

> Todas as pessoas são capazes de atuar no palco.
>
> *Viola Spolin*

Teatro de mamulengos.

Seu livro é assim

Este é o seu livro de Arte.
Conheça sua organização.

Abertura

Primeiros contatos
Você perceberá o que sabe sobre o assunto.

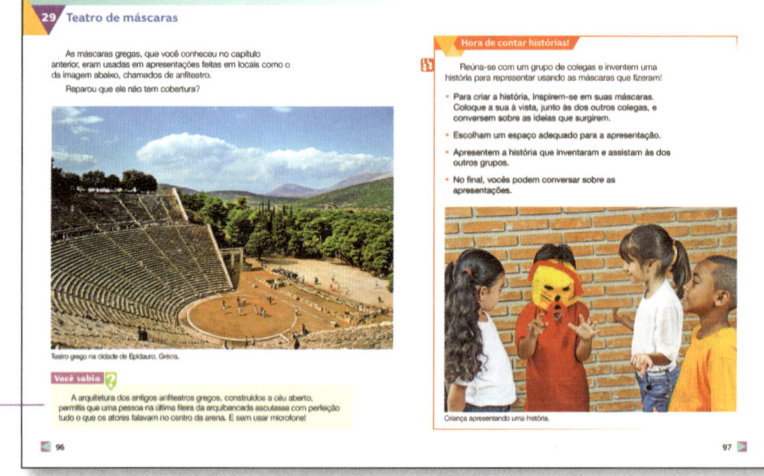

Você sabia?
Você vai conhecer outros textos e descobrir novas ideias e lugares.

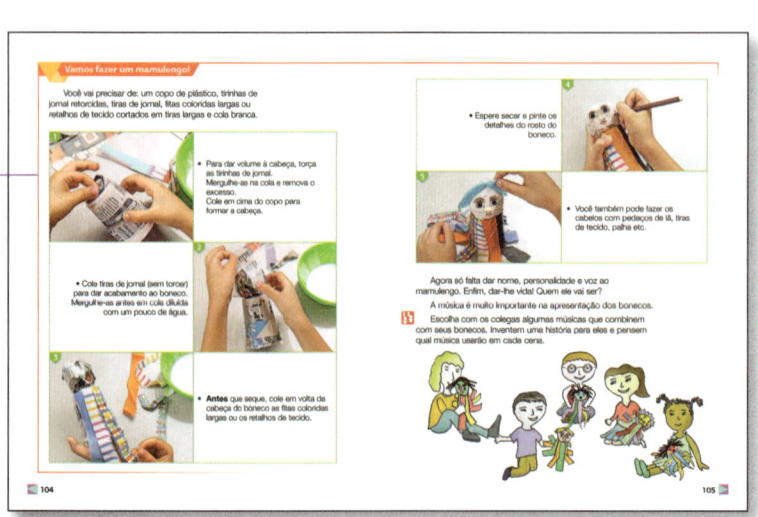

Você vai aplicar os conhecimentos estudados, elaborando diversos tipos de trabalhos artísticos.

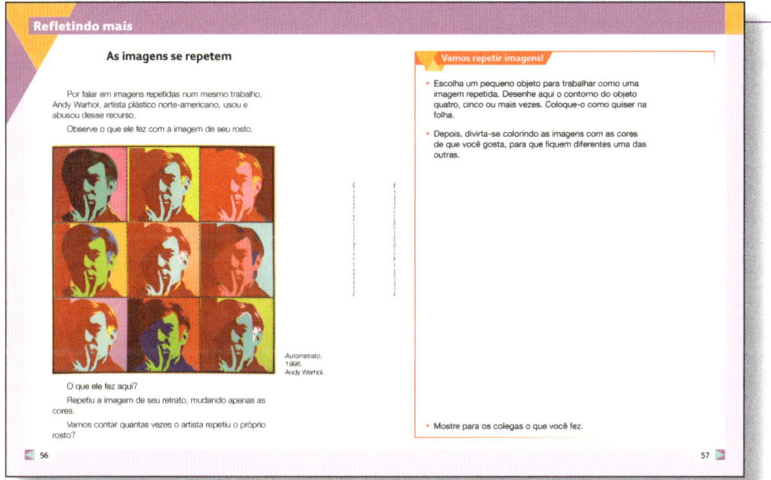

Refletindo mais
Você vai saber mais sobre os assuntos que estudou na unidade.

De leitor para leitor
Dicas de livros e *sites*.

Neste livro, você vai encontrar ícones que indicarão a forma como serão realizadas as atividades. São eles:

 Atividade oral

 Atividade em grupo

 Atividade em dupla

Sumário

UNIDADE 1
Como nossos ancestrais faziam arte? 8

Primeiros contatos 9

1. Como seria viver na Pré-história? 10
2. Existiu Pré-história no Brasil? 12
3. Figuras pré-históricas 14
4. As pinturas das cavernas 16
5. Quem descobre e estuda as pinturas das cavernas? 18
6. Materiais da Pré-história 20
7. Eles pintavam em rochas 24
8. Eles também faziam música! 26

Refletindo mais 28

UNIDADE 2
Arte que se multiplica 30

Primeiros contatos 31

9. Texturas 32
10. Frotagens 34
11. Máscaras vazadas para pintura 38
12. Carimbos 41
13. Carimbador maluco 44
14. Cologravura 45
15. Moldes de papel recortado 50
16. Músicas e objetos que se multiplicam 52

Refletindo mais 56

UNIDADE 3

Onde os artistas fazem e mostram sua arte 58

Primeiros contatos 59
17. Onde é feita a arte? 60
18. Ateliês coletivos 62
19. Estúdios de criação 66
20. Estúdio de histórias em quadrinhos 68
21. Museus 70
22. Lugares para apreciar música, dança e teatro ... 74
23. Arte nas ruas 76
24. Arte para todo mundo participar 80
Refletindo mais 82

UNIDADE 4

Há muitas formas de fazer teatro! 84

Primeiros contatos 85
25. Observar e fazer mímica 86
26. A maquiagem 88
27. O figurino 90
28. Máscaras 93
29. Teatro de máscaras 96
30. Bonecos da Turquia 98
31. Teatro de sombras 100
32. Teatro de bonecos 103
Refletindo mais 106

De leitor para leitor 108

UNIDADE 1

Como nossos ancestrais faziam arte?

Uberabatitan ribeiroi

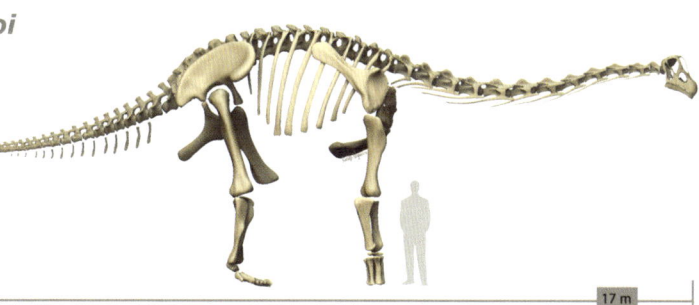

17 m

Primeiros contatos

As imagens destas duas páginas são de Titanossauros, espécie de dinossauro que viveu no Brasil há milhões de anos.

Cientistas paleontólogos encontraram seus ossos em Minas Gerais e os reuniram num museu. O ilustrador Rodolfo Nogueira criou a imagem que mostra como ele vivia. O artista Norton Fenerich fez uma réplica de um deles, em tamanho natural, para ser exposta em frente ao Museu dos Dinossauros.

1. Você gosta de dinossauros?
2. Já desenhou algum?
3. Será que havia pessoas vivendo na época dos dinossauros?

1 Como seria viver na Pré-história?

O período da história da humanidade anterior à invenção da escrita é chamado de Pré-história. Nesta época, os dinossauros já não existiam mais, eles nunca conviveram com os seres humanos.

Histórias que mostram pessoas vivendo junto com dinossauros foram inventadas apenas para nos divertir. Observe as imagens abaixo.

Quadrinho de HQ do *Piteco*, de Mauricio de Sousa.

O Piteco é um personagem de histórias em quadrinhos criado pelo brasileiro Mauricio de Sousa. É o homem das cavernas que aparece na paisagem com vulcões, correndo atrás do pequeno dinossauro.

Os personagens do desenho animado *Os Flintstones* foram criados pelo estúdio norte-americano Hanna Barbera. Eles tinham um dinossauro de estimação!

Cena do desenho animado *Os Flintstones*, 1960-1966.

- Você já imaginou como seria viver na Pré-história?

- O que você faria num mundo sem livros, energia elétrica, televisão, *videogame*, carro ou computador?

- Será que os seres humanos já faziam arte antes de inventarem a escrita?

Cena do filme *2001 – Uma odisseia no espaço*, de Stanley Kubrick (1968).

Imagine você vivendo na Pré-história!

- Desenhe como você brincaria.

2 Existiu Pré-história no Brasil?

No país onde você mora, viveram povos pré-históricos!

Alguns viviam perto da casa de Zuleica. Ela tem oito anos e mora no estado do Piauí. Lá existem lugares com paredes de rocha cheias de desenhos pré-históricos.

Zuleica gosta de visitar o Parque Nacional da Serra da Capivara e observar os desenhos.

Menina em visita ao Parque Nacional da Serra da Capivara, no Piauí.

- O que será que Zuleica percebeu?
- Dos animais pintados, quais parecem que estão parados e quais parecem em movimento?
- O que as pessoas estão fazendo?

Complete a imagem como quiser!

3 Figuras pré-históricas

Na Pré-história, as pessoas desenhavam e esculpiam muitas coisas.

Nas imagens desta página, você pode encontrar uma mulher, um homem e animais.

Vocês sabem dizer quais destas imagens foram desenhadas e quais foram esculpidas?

Pintura rupestre do Parque Nacional da Serra da Capivara, Piauí.

Vênus de Willendorf, datada de cerca de 25.000 anos.

Pintura rupestre no Parque Nacional da Serra da Capivara, Piauí.

Mãos à obra!

Que tal desenhar e pintar inspirado na imagem ao lado?

- Aproveite as formas mais interessantes em seu desenho.

- Use lápis de cera ou de cor, ou canetas hidrocor.

Pintura rupestre no Parque Nacional da Serra da Capivara, Piauí.

4 As pinturas das cavernas

A grande caverna de Lascaux (fala-se "Lascô") fica na França. Suas paredes estão cobertas de desenhos e pinturas pré-históricas.

Os estudiosos pensam que esse era um meio de as pessoas se comunicarem antes da invenção da escrita.

Alguns dizem que as pinturas estão carregadas de magia: quem as pintou acreditava que assim seria mais fácil caçar os animais!

- Observem bem as imagens abaixo.
- Assinalem com um **X** a imagem pequena que não faz parte da imagem maior.
- Circulem na imagem maior os pedaços que correspondem às imagens menores.

Pintura rupestre na caverna de Lascaux, França.

Vamos desenhar como na Pré-história?

Aproveite as manchas da parede abaixo para começar seu desenho.

5 Quem descobre e estuda as pinturas das cavernas?

A profissão do arqueólogo é descobrir como era o modo de vida das pessoas nas sociedades antigas. Eles estudam o que restou dessas sociedades, como os objetos e desenhos encontrados em cavernas e rochas.

A arqueóloga Nième Guidon vive no Piauí, onde se dedica ao estudo das imagens pintadas nas rochas da Serra da Capivara. Ela vai nos contar como começou esse trabalho.

"Dirigia uma equipe franco-brasileira do Piauí e iniciava as pesquisas em São Raimundo Nonato, pequena cidade perdida no sertão, numa das mais pobres regiões do Brasil. Foram 32 anos de muita dedicação.

Nesse tempo, foram descobertos vestígios concretos da presença do primeiro homem americano na região, datados com até 57 mil anos."

Nième Guidon, fotografada no Sítio Arqueológico do Veado, no Piauí, em 2005.

- Vocês conseguem imaginar quanto é 57 mil anos?
- Quais são os lugares e as coisas mais antigos que vocês conhecem?
- Quantos anos têm as pessoas mais idosas de suas famílias?

▶ Há descobertas arqueológicas feitas por crianças e adolescentes!

Em 1940, quatro adolescentes, acompanhados de um cachorro e munidos de um lampião a querosene, descobriram por acaso as pinturas rupestres da caverna de Lascaux, na França. São chamadas de rupestres porque foram feitas em rochas.

Outra caverna famosa é a de Altamira, que fica na Espanha. O seu teto era tão baixo que não dava para um adulto erguer a cabeça.

Em 1879, uma menina de nove anos, filha do arqueólogo Marcelino Sanz de Sautuola, descobriu nela várias pinturas. Ao olhar para o alto, Maria viu, antes do pai, diversos animais pintados na caverna!

O arqueólogo Henri Breuil conversa com Jacques Marsal, Marcel Ravidat e Georges Angel, três dos adolescentes que descobriram a gruta de Lascaux.

Converse com seus colegas sobre o que acharam da história dos jovens que descobriram pinturas rupestres.

- Escreva a respeito de algo que descobriu sozinho.

_____

_____

_____

6 Materiais da Pré-história

Na Pré-história, não havia papel, lápis, borracha, tinta guache nem caneta hidrocor. Como as pessoas faziam para pintar e modelar?

- ✓ As pinturas eram feitas sobre rochas!
- ✓ Diversos tipos de plantas trituradas e de terra viravam tinta!
- ✓ Os pincéis eram feitos de pelos de animais!
- ✓ O osso oco de algum animal servia para soprar a tinta!

Imagine que nós estamos na Pré-história e também precisamos criar nossos próprios materiais de pintura e desenho.

Veja como é fácil fazer tinta com terra!

Pesquise diferentes tipos de terra e guarde pequenas amostras em potes de plástico transparentes.

Misture cada uma das amostras com cola branca e um pouco de água. Mexa com um palito de sorvete.

Arrume os potes de plástico transparentes lado a lado e observe as cores obtidas.

Explore os diferentes tons e texturas da terra ao pintar. Não se esqueça de lavar seu pincel num pote com água antes de mudar de cor.

Vamos pintar com tinta de terra!

7 Eles pintavam em rochas

Observe cuidadosamente esta imagem!

Pintura rupestre na caverna de Lascaux, França.

- O que mais chama sua atenção nessa pintura?

_____

_____

- Quais foram as cores mais usadas nela?

_____

- Que material foi usado? Onde foi pintada?

_____

_____

Você sabia

Os homens pré-históricos aproveitavam a superfície e a textura das rochas para as imagens não ficarem achatadas.

Quando pintavam em cavernas, para enxergar na escuridão, eles utilizavam tochas! Quando a pintura era muito grande, provavelmente conseguiam ver apenas um pedaço da pintura de cada vez!

Vamos pintar numa pedra!

Pinte sobre a imagem desta rocha aproveitando seu contorno e suas manchas.

8. Eles também faziam música!

Você já imaginou quais foram os primeiros instrumentos musicais criados pela humanidade?

Em 2009, uma equipe de arqueólogos publicou um artigo sobre flautas pré-históricas descobertas numa caverna no sudoeste da Alemanha!

O pedaço que vemos na imagem da foto abaixo foi entalhado em um osso de urubu de cerca de 22 cm. Os testes comprovam que ele existe há mais de 35 mil anos. Pode ser o instrumento musical mais antigo do mundo.

Flauta pré-histórica.

Os cientistas experimentaram tocar neste pedaço de flauta e colocaram a gravação na internet para quem quiser ouvir.

Como seria a música de nossos ancestrais?

Os estudiosos supõem que flautas e tambores estejam entre os primeiros instrumentos musicais feitos pelos seres humanos.

Acredita-se que os primeiros tambores foram troncos de madeira ocos em que se batia com pedaços de pau. Eles são chamados de instrumentos de percussão porque seus sons são obtidos por meio de batidas; a palavra **percutir** significa bater.

A percussão também pode ser feita em diferentes partes de nosso corpo. Por exemplo, ao bater com as mãos na barriga, nas coxas ou nos ombros conseguimos sons diferentes.

Vamos brincar de percussão corporal!

Reunidos em grupos, experimentem os diferentes sons que conseguem obter percutindo seus corpos.

Refletindo mais

Coisas

Você conhece a canção As coisas, de Arnaldo Antunes e Gilberto Gil? Ela trata de como são as coisas do mundo. Será que elas já eram assim na Pré-história?

Leia a canção e desenhe algo da Pré-história que corresponda às palavras destacadas.

As coisas

As coisas
têm peso,
massa,
volume,
tamanho,
tempo,
forma,
cor,
posição,
textura,
duração,
densidade,
cheiro, valor,
consistência,
profundidade,
contorno,
temperatura,
função,
aparência,
preço,
destino,
idade,
sentido.
As coisas
não têm paz.

Arnaldo Antunes e Gilberto Gil.
Em: Arnaldo Antunes. *Qualquer*.
São Paulo: Biscoito Fino, 2006. CD.

Palavras que aprendi

Tente encontrar sete palavras relacionadas ao que estudamos nesta unidade escondidas nas linhas abaixo!

Dica: leia os significados das palavras ocultas no quadro acima.

- ✓ Período da existência da humanidade em que ainda não havia escrita.
- ✓ Sons obtidos por meio de batidas.
- ✓ Estudioso de objetos e desenhos das sociedades antigas.
- ✓ Nome de região da Espanha onde há pinturas pré-históricas.
- ✓ Feito na rocha.
- ✓ Um material de pintura usado na Pré-história.
- ✓ Cavidade natural de paredes rochosas.

UNIDADE 2

Arte que se multiplica

Xilogravura de Lívio Abramo para o livro *Pelo sertão: histórias e paisagens*, de Affonso Arinos, editado pela Sociedade dos 100 Bibliófilos, 1948.

Primeiros contatos

Essa gravura que está repetida foi feita pelo artista brasileiro Lívio Abramo, um gravurista brasileiro muito importante.

Observe a imagem.

Você pode reparar que o artista usou diferentes texturas para diferenciar suas formas: por exemplo, as crinas dos cavalos maiores são desenhadas diferentes umas das outras!

9 Texturas

Xilogravura de Lívio Abramo para o livro *Pelo sertão: histórias e paisagens*, de Affonso Arinos, editado pela Sociedade dos 100 Bibliófilos, 1948.

Nossa! Olhe aquela gravura repetida aí outra vez!

Você já observou várias texturas nessa gravura...

Mas o que é textura?

Textura é a característica, a aparência das superfícies dos objetos.

Por exemplo, em geral, o tecido de sua camiseta é liso.

Já a superfície dos muros tem uma textura áspera.

Catando texturas!

- Desenhe aqui, do seu jeito, duas texturas diferentes que encontrou na gravura de Lívio Abramo. Escolha a parte da imagem que quiser!

- Conte para seus colegas a parte que escolheu. Mostre-a na imagem da gravura e em seu desenho.

10 Frotagens

Você já ouviu falar em frotagem?

Frotagem é uma técnica que permite capturar no papel a textura de uma superfície. Pode ser usada para copiar a textura de um pequeno objeto, como uma moeda, ou de uma superfície com textura irregular maior, como uma lixa de parede.

Para fazer frotagem basta colocar uma folha de papel liso sobre a textura escolhida e desenhar nela com um lápis de cera, decalcando a textura escolhida.

Criança fazendo frotagem em tronco de árvore.

O artista alemão Max Ernst fez várias obras usando a técnica da frotagem. Assim, transferia a textura das superfícies escolhidas para o papel em que trabalhava.

Max Ernst trabalhando em seu estúdio, em Paris, França, 1961.

A floresta petrificada, 1929. Max Ernst.

- O que você pensa do título que o artista deu à sua obra?

Vamos fazer frotagens!

- Primeiro, escolha as texturas que deseja decalcar: casca de árvore, parede, piso, moeda, botão, lixa, carpete, sola de tênis, folha de planta etc.

1. Passe a mão sobre cada uma delas para sentir e comparar suas texturas.
2. Pegue uma folha de papel branco e um lápis de cera.
3. Segure o papel nas superfícies escolhidas e sobre ele esfregue o lápis de cera deitado ou em pé, desenhando.
4. Experimente fazer movimentos usando mais e menos pressão no lápis de cera.

Cole aqui a frotagem de que mais gostou!

E, se quiser, desenhe sobre ela.

- Crie um título para seu trabalho:

_____

11 Máscaras vazadas para pintura

Uma maneira de fazer uma imagem repetindo formas é usar máscaras vazadas. Elas cobrem a parte do papel que você não quer alterar e permitem que desenhe ou pinte por suas aberturas.

Busque as máscaras vazadas no encarte!

- Destaque as formas vazadas da página 113 do encarte.

- Gire as máscaras, experimentando colocá-las em várias posições e desenhar, em seu papel, pelos vazios das máscaras.

- Gostou do resultado?

- Quantas cores você usou?

- Seu trabalho ficou igual ao de seus colegas ou diferente do que eles fizeram?

Observe como ficaram estas camisetas estampadas.

Estampe esta camiseta como se você fosse usá-la depois!

- O que achou da sua estampa? E das de seus colegas?

Você sabia que os artistas que estampam as camisetas que você e seus colegas usam fazem estudos parecidos com o que você fez?

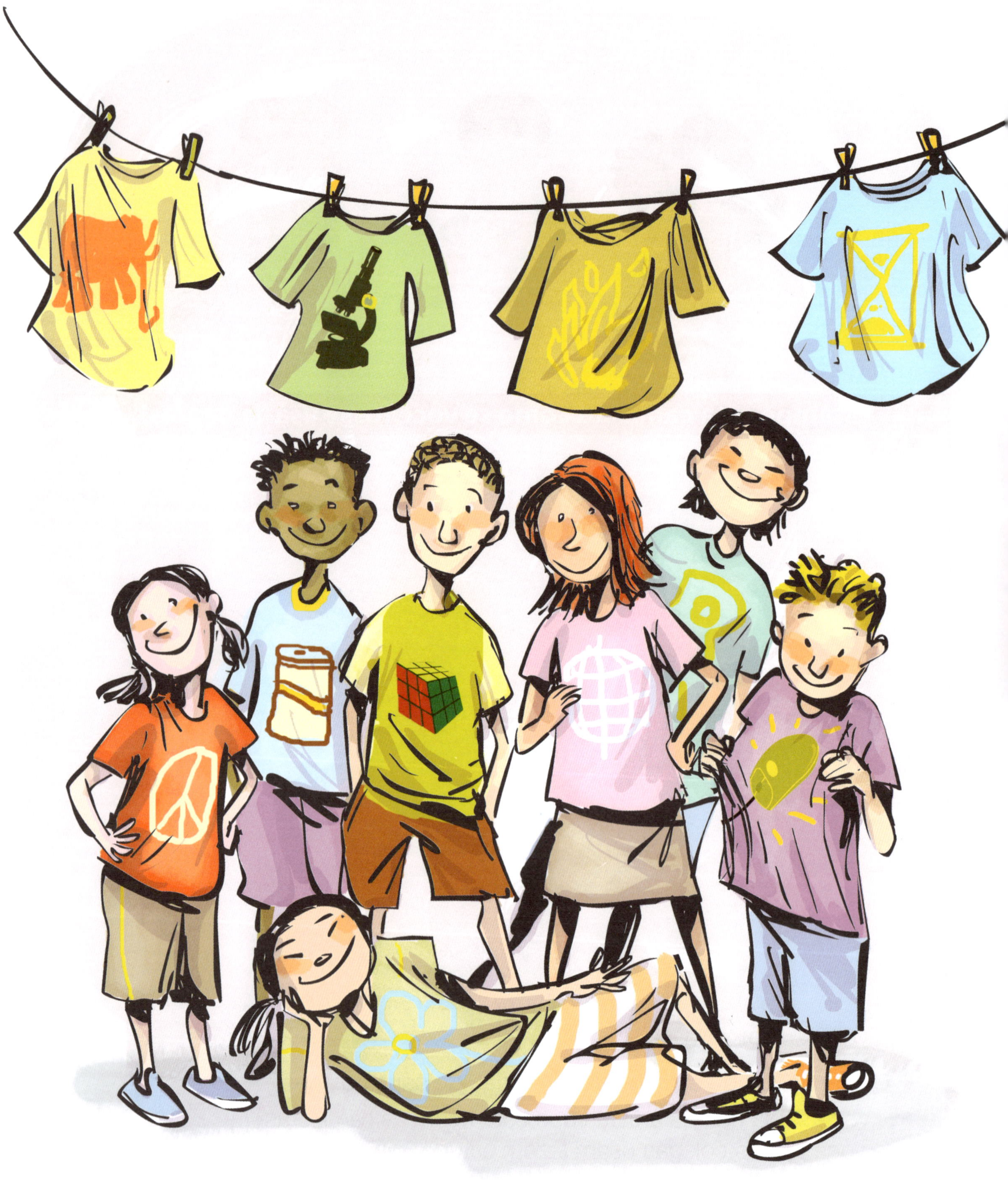

12 Carimbos

Carimbos servem para repetir formas quando você os passa na tinta e os pressiona sobre uma superfície.

- Você conhece carimbos, não conhece?
- Já usou um carimbo?
- Você ou alguém de sua família tem carimbos?
- O que está desenhado ou escrito neles?
- Quais as cores de tinta destes carimbos?

41

Carimbo de batata!

É isso mesmo! Além de comida, batata crua também serve para carimbar imagens. Vocês vão se divertir com esta atividade.

- Como fazer um carimbo de batata?

1
- Primeiro, escolham uma batata bem grande.
- Um adulto deve cortá-la ao meio para vocês.

2
- Com um palito, desenhem escavando em baixo-relevo sobre a superfície da batata. Retirem a polpa que sobrar.

3
- Pronto o desenho, mergulhem o pedaço desenhado da batata em tinta guache bem grossa.

4
- Experimente carimbar a batata entintada num papel.

- Antes de começar, façam estudos em um papel, pensando como vai ser o desenho na batata. Lembrem que, ao carimbar, a imagem sairá invertida, como num espelho.

- Se não gostarem do resultado, experimentem de novo, colocando mais ou menos tinta na batata.

- Se quiserem mudar de cor ou melhorar a carimbada, lavem a batata, enxuguem-na e carimbem outras vezes.

Carimbem aqui!

13 Carimbador maluco

Você já viu carimbo que serve para escrever e pintar. Agora leia a palavra **carimbo** numa canção de Raul Seixas.

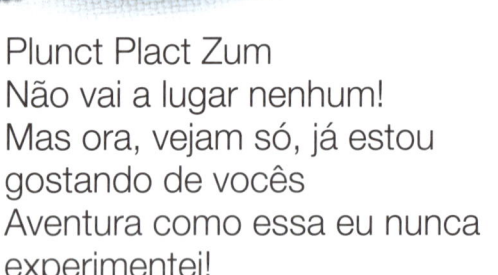

Baptistão, 2012. Caricatura do músico e cantor Raul Seixas.

Carimbador maluco

Raul Seixas

5... 4... 3... 2...
– Parem! Esperem aí.
Onde é que vocês pensam que vão?
Plunct Plact Zum
Não vai a lugar nenhum!
Plunct Plact Zum
Não vai a lugar nenhum!
Tem que ser selado, registrado, carimbado
Avaliado, rotulado se quiser voar!
Se quiser voar...
Pra Lua: a taxa é alta,
Pro Sol: identidade
Mas já pro seu foguete viajar pelo universo
É preciso meu carimbo dando o sim,
Sim, sim, sim.
O seu Plunct Plact Zum
Não vai a lugar nenhum!
Pode partir sem problema algum
(Boa viagem, meninos.
Boa viagem).

Plunct Plact Zum
Não vai a lugar nenhum!
Mas ora, vejam só, já estou gostando de vocês
Aventura como essa eu nunca experimentei!
O que eu queria mesmo era ir com vocês
Mas já que eu não posso:
Boa viagem, até outra vez.
Agora...
O Plunct Plact Zum
Pode partir sem problema algum
Plunct Plact Zum

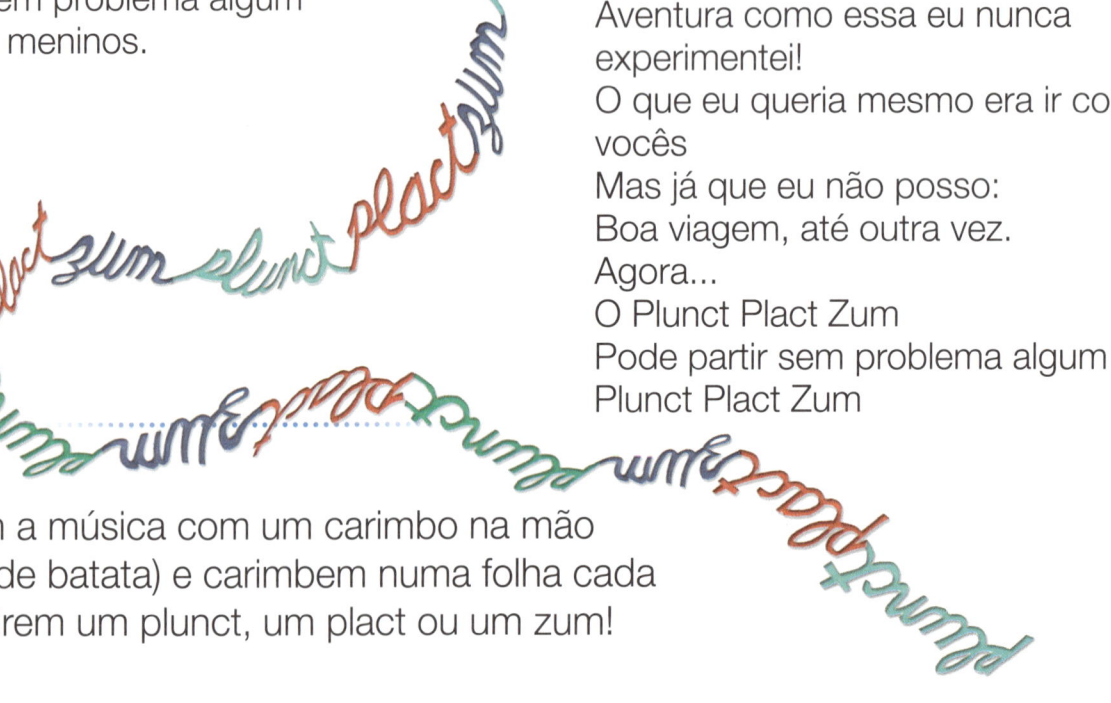

Escutem a música com um carimbo na mão (pode ser o de batata) e carimbem numa folha cada vez que ouvirem um plunct, um plact ou um zum!

14 Cologravura

A técnica da cologravura é parecida com a do carimbo, pois também serve para copiar uma mesma imagem várias vezes com uma única matriz.

A palavra **matriz** vem da palavra **mãe**, porque ela gera imagens parecidas consigo mesma.

Vamos cologravurar!

Que tal aprender sobre a cologravura fazendo uma? Sigam as etapas indicadas.

- Reúnam o seguinte material: folha ou bandeja de isopor, barbante, cola branca, tinta guache e pincel.

- Façam um desenho com a cola formando uma linha contínua, sem interromper. Pode ser com o dedo, um pincel ou o próprio tubo de cola.

- Agora, colem o barbante sobre a linha de cola na placa de isopor e esperem secar.

- Enquanto esperam secar, preparem o guache, o pincel e algumas folhas de papel branco.

- Pintem apenas sobre o barbante, usando várias cores de guache para entintar a matriz.

- Em seguida, façam a cologravura pressionando a matriz entintada sobre o papel.

- Sempre que precisarem, renovem a tinta sobre o barbante.

- Escolha a cópia de que mais gostou e cole-a aqui.

Trabalhar com linhas contínuas pode produzir resultados interessantes. Observe este desenho de Saul Steinberg.

Sem título, 1948. Saul Steinberg.

Steinberg desenhou usando uma linha contínua para traçar a maior parte do desenho.

- Que caminho ele fez para desenhar?
- Para você descobrir, tente refazer o caminho, nessa reprodução do desenho dele, usando um lápis colorido.

O artista Saul Steinberg aparece nesta imagem usando como máscara um de seus desenhos!

Saul Steinberg usando uma de suas máscaras, c. 1961.
Inge Morath.

Observe a imagem ao lado.

Repare como o artista desenhou um nariz parecido com o que fez para a máscara da imagem acima.

Neste desenho e no desenho da página anterior, o artista trabalhou um tema parecido: os personagens desenhados são desenhistas!

Ilustração de abertura do *site* The Saul Steinberg Foundation.

49

15 Moldes de papel recortado

Para copiar várias vezes uma forma, diversos objetos podem ser utilizados como molde. Experimente usar papel recortado.

Pode não parecer, mas essas figuras da direita foram feitas com papel recortado.

Vamos desenhar com recortes!

- Pegue os dois quadrados de cartolina do encarte da página 115 e desenhe uma forma a lápis em um deles.
- Coloque o quadrado desenhado por cima do outro, com o desenho à vista.
- Com a tesoura, recorte contornando o seu desenho, cortando as duas cartolinas ao mesmo tempo.
- E agora? Viu? Você recortou figuras iguais. Cole-as aqui.

- Veja o trabalho dos colegas.

- Faça outro desenho em papel cartolina e recorte o contorno.

- Cole-o aqui com um anel de fita-crepe.

- Passe um rolinho ou um pincel largo com tinta guache grossa sobre toda a volta da superfície do papel.

- Com cuidado, retire a cartolina.

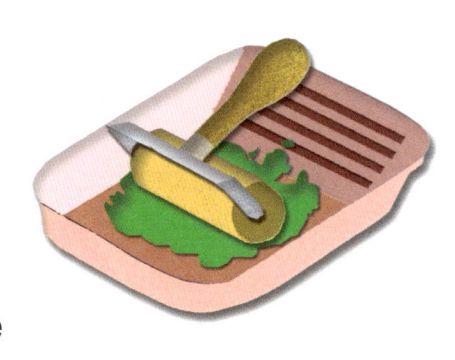

- Experimentem usar vários moldes desse tipo para criar uma imagem numa folha de papel bem grande.

16 Músicas e objetos que se multiplicam

Você já aprendeu várias técnicas de repetir imagens. Será que as músicas também podem ser reproduzidas? E as esculturas?

▶ **Música para ouvir a qualquer hora**

- Você gosta de ouvir músicas?
- Sabia que antigamente só era possível ouvir uma música se alguém a executasse em sua presença?

A criação de linguagens próprias para anotar as composições musicais permite executá-las em lugares e épocas distantes de sua criação.

Marcha soldado

Mar - cha, sol - da - do ca - be - ça de pa - pel   Se
não mar - char di - rei - to vai   pre - so pro quar - tel

A invenção de meios de gravar e reproduzir sons nos possibilitou ouvir uma *performance* musical a qualquer momento, sem precisarmos da presença de um músico.

52

O rádio, a televisão e a internet são meios de se transmitir ao vivo uma apresentação musical para muitos lugares ao mesmo tempo. As gravações das apresentações podem ser ouvidas de novo muitas vezes.

Hoje, temos acesso a tantas músicas diferentes que até fica difícil de organizá-las. Inventaram programas de computador que permitem criar listas musicais segundo vários critérios, como: o nome da música; o nome dos músicos que a cantam; e o quanto você gosta dela.

Organize assim as informações das suas músicas preferidas.

Pinte de uma a cinco estrelas para cada música. A sua preferida terá mais estrelas.

nome da música	nome dos músicos	estrelas
		☆☆☆☆☆
		☆☆☆☆☆
		☆☆☆☆☆
		☆☆☆☆☆
		☆☆☆☆☆

▶ Objetos multiplicados

O artista brasileiro contemporâneo Alex Cerveny criou uma pequena escultura de bronze e a repetiu muitas vezes. Objetos artísticos repetidos assim são chamados de múltiplos.

Observe a imagem da escultura que Alex repetiu.

Leia quais são as suas dimensões. Será que cabe em sua mão?

Alex conta que fez a escultura porque lembra sua infância. Quando ele era criança, sua irmã tinha uma boneca parecida com esta, com um ímã no coração.

Ele cresceu com o desejo de ter uma boneca como aquela. Então, quando se tornou artista, criou *Vera Alice*.

Ele pintou e desenhou no corpo da boneca.

- Experimente acompanhar com o dedo o caminho do desenho feito por Alex.

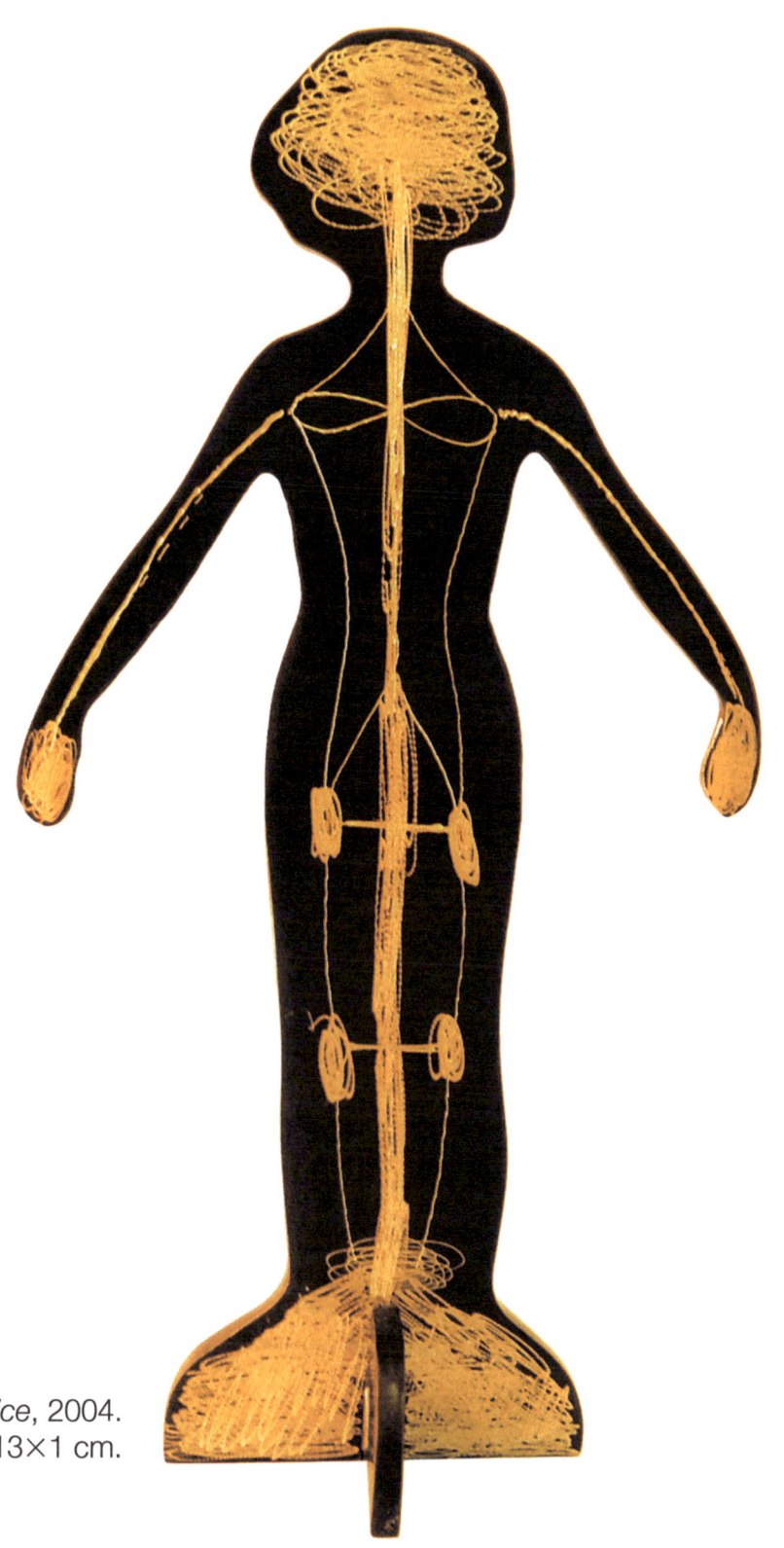

Vera Alice, 2004.
Alex Cerveny. 24×13×1 cm.

54

Vamos fazer um múltiplo!

Para o boneco ficar em pé, veja a ilustração ao lado.

Tem um encaixe, um corte na região de seus pés que permite deixar o boneco, semelhante à *Vera Alice*, equilibrado.

- Agora é sua vez de criar uma escultura de cartolina que fique em pé. Aliás, em vez de uma, faça duas de uma vez.

- Recorte duas folhas de cartolina sobrepostas. Cada folha serve para fazer um boneco.

- Pense como fazê-los.

  - Seu boneco vai ser um bicho, um atleta ou uma pessoa que você conhece?

  - Como você vai fazer o corpo do boneco?

- Lembre-se de fazer um corte na altura do pé do boneco. Depois recorte um quadradinho que vai ser encaixado nesse corte. Assim, seu trabalho ficará em pé.

- Uma das esculturas é para você. Dê a outra de presente para um colega da classe. Assim, todos vão ficar com duas, porque todos vão receber uma de presente.

- Depois de prontos os bonecos, organize com a professora e com os colegas em uma grande mesa, ou no chão mesmo, uma exposição dos trabalhos.

- E se a exposição dos bonecos fosse feita num cenário inventado por vocês?

  Vai ser divertido!

Refletindo mais

As imagens se repetem

Por falar em imagens repetidas num mesmo trabalho, Andy Warhol, artista plástico norte-americano, usou e abusou desse recurso.

Observe o que ele fez com a imagem de seu rosto.

Autorretrato, 1966. Andy Warhol.

O que ele fez aqui?

Repetiu a imagem de seu retrato, mudando apenas as cores.

Vamos contar quantas vezes o artista repetiu o próprio rosto?

Vamos repetir imagens!

- Escolha um pequeno objeto para trabalhar como uma imagem repetida. Desenhe aqui o contorno do objeto quatro, cinco ou mais vezes. Coloque-o como quiser na folha.

- Depois, divirta-se colorindo as imagens com as cores de que você gosta, para que fiquem diferentes umas das outras.

- Mostre para os colegas o que você fez.

UNIDADE 3

Onde os artistas fazem e mostram sua arte

Mensagens do Profeta Gentileza no viaduto do Caju, no Rio de Janeiro.

José Pratino, o Profeta Gentileza (1917-1996).

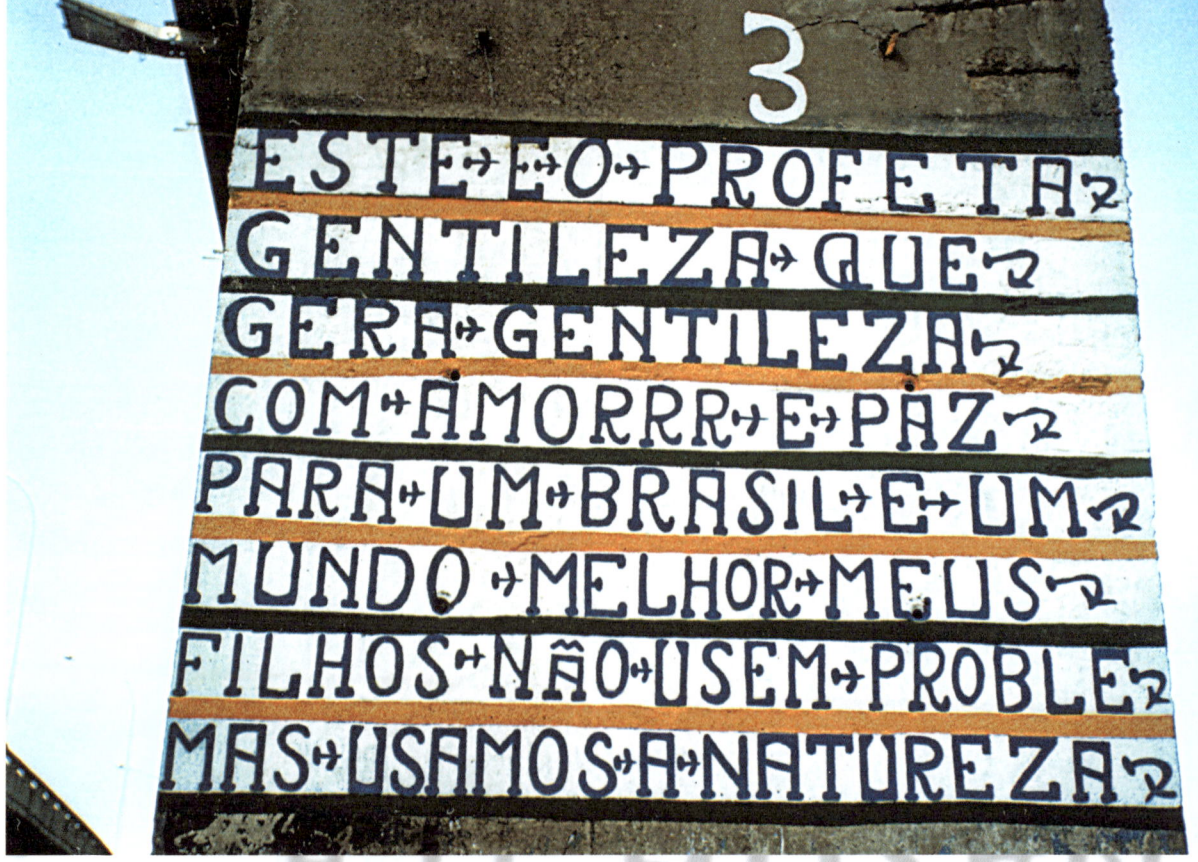

Pilastra com mensagem do Profeta Gentileza, no Viaduto do Caju, no Rio de Janeiro.

Primeiros contatos

O poeta Gentileza viveu no Rio de Janeiro e fez arte nas ruas da cidade, escrevendo poesias e promovendo o amor entre as pessoas. Quando apagaram seus textos, houve um grande movimento para recuperá-los.

Gentileza foi homenageado em canções de Gonzaguinha e de Marisa Monte e tema do desfile de Carnaval da escola de samba Acadêmicos do Grande Rio.

1 Você já viu um artista trabalhando? Onde?

Gonzaguinha.

Marisa Monte.

Desfile da Escola de samba Acadêmicos do Grande Rio, 2001.

17 Onde é feita a arte?

Onde trabalham os médicos? Em seus consultórios.

E os advogados? Em escritórios.

E os artistas plásticos? Em espaços chamados ateliês.

Essa é uma foto do ateliê do artista brasileiro Luis Paulo Baravelli.

- Como vocês imaginavam que um ateliê fosse?

_____

_____

60

A artista Laura Vinci trabalhando em seu ateliê em São Paulo, 2008.

- • Quais são as semelhanças e as diferenças entre os ateliês de Laura Vinci e de Luis Paulo Baravelli?

_____

_____

_____

_____

- • Se você fosse um artista, como seria seu ateliê? O que gostaria de criar nele? De que materiais precisaria?

18 Ateliês coletivos

Alguns artistas preferem trabalhar em ateliês coletivos, onde compartilham espaço e ideias com outros artistas.

Em Porto Alegre, no Rio Grande do Sul, os artistas Lilian, Antonio e Túlio trabalham juntos no ateliê Subterrânea.

Exposição no Ateliê Subterrânea, em Porto Alegre.

Veja, na página ao lado, o trabalho de alguns artistas desse ateliê!

Antonio Augusto Bueno trabalhando em desenho para o projeto "Essa POA é boa".

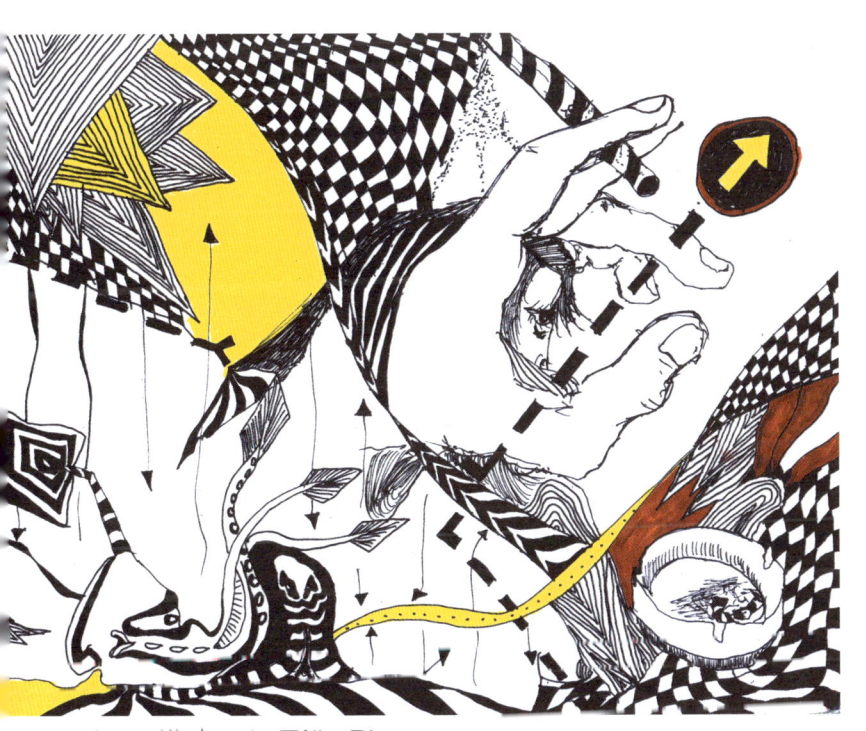

Sem título, de Túlio Pinto.

Obra da artista Lilian Maus.

- Que semelhanças e diferenças você observa nessas obras?

Desenhar no desenho

Agora vocês vão inventar um desenho a partir do trabalho de Túlio.

- Então, desenhem criando suas próprias linhas e formas.

19 Estúdios de criação

Você sabia que desenhos animados, filmes e ilustrações também fazem parte do mundo da arte e são produzidos em locais chamados estúdios?

No estúdio de animação Birdo, que fica na cidade de São Paulo, há vários profissionais que trabalham na produção de desenhos animados.

Observe nas imagens a seguir como se trabalha no estúdio Birdo.

Profissional trabalhando no estúdio de criação Birdo, em São Paulo.

66

Desenho em movimento

Você gostaria de aprender uma técnica simples de fazer desenhos animados? Então acompanhe com atenção estas instruções.

1
- Dobre e corte ao meio, na vertical, uma folha de papel branco.

2
- Dobre novamente ao meio, na vertical, uma das partes. Mas não corte o papel.

3
- Na página de baixo, trace um desenho.

4
- Na página de cima, copie o mesmo desenho, fazendo uma pequena modificação na posição do desenho anterior, no todo ou em algum detalhe.

5
- Agora, enrole a página de cima no lápis até que forme um tubinho.

- Pronto! Com o mesmo lápis, movimente a página enrolada e observe como o desenho se movimenta.

E então? Gostou da brincadeira?

Quando você move o lápis, parece que a imagem ganha movimento.

20 Estúdio de histórias em quadrinhos

Vamos conhecer parte do estúdio de histórias em quadrinhos de Chantal Herskovic?

Chantal mora em Belo Horizonte, Minas Gerais.

Observe bem a mesa de trabalho dela. Grande, não é? O que tem espalhado sobre essa mesa?

Uma das produções mais conhecidas de Chantal é a *Tirinha da Chantal*.

Chantal Herskovic em seu estúdio.

HUM,... ESTOU MESMO LENDO BASTANTE NESSAS FÉRIAS!

SE DER TEMPO...

VOU CONSEGUIR LER TODA A MINHA COLEÇÃO DO HOMEM-ARANHA!

Disponível em: <http://www.quadrinho.com/chantal>. Acesso em: 28 fev. 2012.

IIARRUU!!!

YEAH!

ALGUMAS VEZES TEMOS APENAS QUE NOS DESLIGAR E SEGUIR O RITMO DA MÚSICA!

Disponível em: <http://www.quadrinho.com/chantal>. Acesso em: 28 fev. 2012.

HQ feita por você!

Imagine que a Chantal convidou vocês para fazerem tirinhas para uma revista dela.

Então, mãos à obra! Comecem já.

Pensem em assuntos que possam explorar ao contar duas pequenas histórias nos três quadrinhos de cada tira a seguir.

21 Museus

Todo artista quer mostrar seus trabalhos ao público.

Os museus de arte são espaços onde se mostram trabalhos artísticos.

Neles, as obras de arte são estudadas, cuidadas, conservadas e restauradas. Nesses museus, cada obra tem seu documento para que se saiba seu tamanho, peso, quem fez, onde, quando e como foi feita.

Fachada do Museu de Arte Sacra da Boa Morte, em Goiás Velho, 2006.

Vamos conhecer um pouco mais sobre alguns museus de arte do Brasil. Há diversos tipos: museu de esculturas, de pinturas, de obras de arte religiosa, de diferentes povos e também de obras de um único artista.

O Museu de Arte Contemporânea de Niterói, Rio de Janeiro, é um projeto do arquiteto brasileiro Oscar Niemeyer, conhecido no mundo todo!

O Museu Afrobrasil, em São Paulo, também é um projeto, mais antigo, de Oscar Niemeyer.

Museu de Arte Contemporânea, em Niterói.

Museu Afrobrasil, em São Paulo.

A Fundação Iberê Camargo é a guardiã da maioria das obras deste artista.

Fundação Iberê Camargo, em Porto Alegre.

71

Vamos conhecer agora alguns profissionais que trabalham em museus.

Nos museus de arte, o curador é o responsável pelo planejamento das exposições. Ele escolhe quais artistas e obras vão participar e decide como serão expostas.

Os arte-educadores ensinam sobre as obras para diferentes públicos, dialogando com eles.

Os restauradores cuidam das obras de arte. São eles que as conservam, para que não se estraguem com o tempo.
É graças ao trabalho deles que uma escultura quebrada ou um quadro rasgado podem ser recuperados.

As letras embaralhadas a seguir formam nomes de profissões relacionadas aos lugares onde são expostos trabalhos artísticos.

Desembaralhe as letras e escreva as palavras da maneira correta.

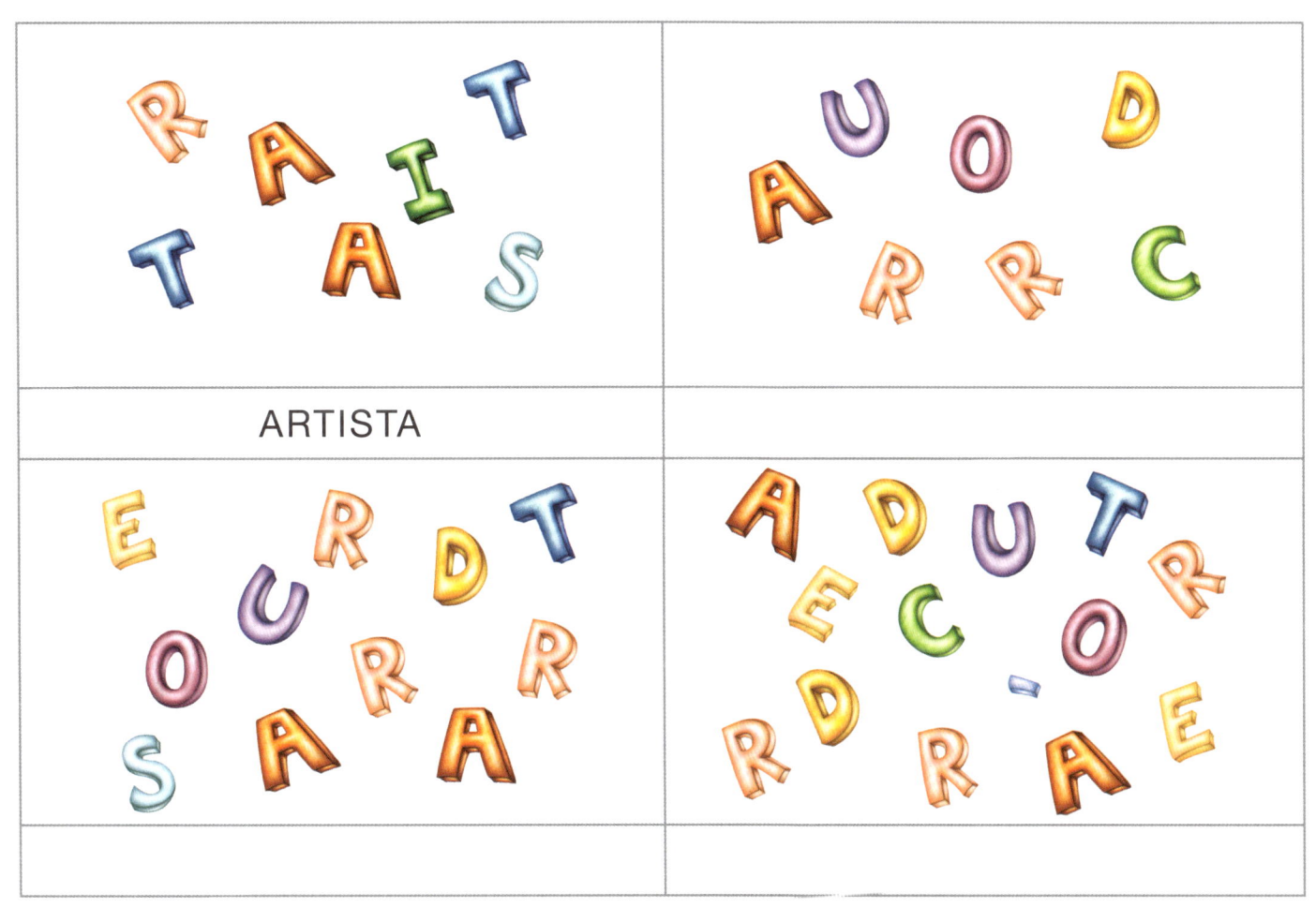

R A I T T A S	A U O D R R C
ARTISTA	CURADOR
E O U R D T S A R A R	A D U T E C O R R D R A E
RESTAURADOR	CURADOR DE ARTE

- Existe algum museu de arte na cidade em que você mora? Você o conhece?

- Onde os artistas da sua cidade mostram a arte que fazem?

22 Lugares para apreciar música, dança e teatro

Há espaços construídos especialmente para apresentações de música, dança e teatro.

Você já visitou algum lugar assim?

Auditório Ibirapuera, em São Paulo.

Teatro Municipal, no Rio de Janeiro.

Centro Cultural e Esportivo Amazonino Mendes (Bumbódromo), em Parintins.

Como apresentar uma canção?

Reúnam-se em grupos, conforme a orientação do professor.

Vocês vão planejar como seria apresentar uma canção para seus colegas. Conversem a respeito do lugar da escola que escolheriam para a apresentação e sobre tudo de que precisariam para que ela fosse interessante para o público.

Por exemplo: como se organizariam para cantar, como se movimentariam, como se vestiriam, se precisariam de algum cenário ou de iluminação, como divulgariam etc.

Façam um ensaio sem público para experimentar e perceber o que precisariam mudar para fazer uma apresentação de verdade.

23 Arte nas ruas

Você já aprendeu que diversos artistas trabalham em lugares como ateliês e estúdios. Outros preferem trabalhar nos espaços públicos da cidade. Por exemplo, lembra do Gentileza e de suas frases pintadas em viadutos?

Há músicos, dançarinos, atores e desenhistas que apresentam seus trabalhos em ruas, praças ou parques.

Você conhece algum artista que trabalhe assim? Observe alguns nas imagens a seguir.

Maestro Vladimir Ashkenazy regendo a Orquestra Sinfônica Jovem da Comunidade Europeia no Parque do Ibirapuera, em São Paulo.

Dança de rua na região da Praça Rui Barbosa, em Belo Horizonte.

Roda de teatro de rua em Pernambuco. Foto de Luiz Filho.

Grafites são desenhos ou palavras pintadas em lugares públicos, geralmente sem pedido de autorização. Você já viu um grafite?

Os gêmeos Otávio e Gustavo Pandolfo, de São Paulo, são grafiteiros. Observe a seguir as imagens de alguns dos trabalhos que fizeram em paredes e muros da cidade.

A primeira é de uma grafitagem que fizeram sozinhos.

Na segunda, compare o tamanho do mural, feito com outros grafiteiros, com o tamanho dos carros!

Grafite feito pelos gêmeos Otávio e Gustavo Pandolfo, na rua Barão de Jaguará, no bairro do Cambuci, em São Paulo.

Mural feito por grafiteiros na alça de acesso da Avenida 23 de Maio, em São Paulo, 2008.

Os grafiteiros paulistanos Leonardo Delafuente e Anderson Augusto grafitam de maneira diferente. Eles criam trabalhos ao redor de bueiros ou de tampas de esgoto, convidando quem passa pelas ruas a olhar para baixo.

Zebra da sorte, obra do Projeto 6emeia pintada em bueiro, na rua Maria Antônia, em São Paulo.

Obra do Projeto 6emeia pintada em uma tampa da rede elétrica, na rua Maria Antônia, em São Paulo.

Vamos grafitar!

- Faça um desenho de algum lugar da rua em que você mora e invente uma grafitagem especial para ele!

24 Arte para todo mundo participar

Observe que diferente este trabalho coletivo do Bijari, grupo de artistas e arquitetos de São Paulo.

Eles distribuíram diversas bexigas, com frases escritas, para a população soltar.

Queriam chamar a atenção de todos e promover a discussão pública sobre como as mudanças que a prefeitura faria num bairro da cidade de São Paulo, relacionadas à construção da nova estação de metrô, afetariam quem vivia e trabalhava na região.

Ação *Estão vendendo nosso espaço aéreo*, do grupo Bijari, no Largo da Batata, em São Paulo. No detalhe, bexiga com a inscrição da ação promovida pelo grupo.

Envie sua mensagem

E se você e seus colegas, como os artistas do grupo Bijari, escrevessem em bexigas? Que tema gostaria de discutir com a população de sua cidade?

- Primeiro, pense o que gostaria de escrever ou desenhar nas bexigas.

- Depois, pense como organizaria a distribuição e o melhor dia e hora para colocá-las em algum lugar.

- Teste a cor de escrita que fica melhor em diferentes cores de bexiga.

Refletindo mais

Como ficamos sabendo das exposições?

Pesquise em jornais e revistas, recorte e cole aqui anúncios de exposições ou matérias sobre elas.

82

O JORNAL DA SEMANA

Espetáculo circense apenas esta semana!

Lorem ipsum dolor sit amet, consectetur adipiscing elit. Donec tellus nisl, mollis sit amet malesuada ullamcorper, interdum sit amet odio. Pellentesque leo nisl, euismod ut pretium et, dignissim vitae massa. In pellentesque viverra purus. Proin at diam ipsum. Maecenas lorem risus, malesuada vel blandit et, ornare vulputate odio. Phasellus tortor massa, placerat sed bibendum vel, adipiscing eu leo. Donec vulputate luctus nunc at consequat. Fusce nec nibh nisl. Mauris luctus, dui et tincidunt egestas, nisl risus euismod justo, et imperdiet velit dolor in velit. Pellentesque habitant morbi tristique senectus et netus et malesuada fames ac turpis egestas. Ut libero diam, adipiscing et bibendum id, tempus quis velit. Nulla ornare elementum euismod. Pellentesque sagittis est et elit viverra vestibulum.

Integer suscipit iaculis leo, sit amet tempor turpis porta et. Phasellus turpis tellus, pharetra non facilisis nec, sollicitudin in mi. Mauris consequat pellentesque odio. Suspendisse et massa eget mauris pulvinar elementum quis id libero. Maecenas sit amet nunc nisl, eu mattis nisl. Suspendisse iaculis congue arcu adipiscing condimentum. Nunc sed venenatis nunc. Phasellus sit amet leo dolor, non semper nisl. Nam adipiscing, diam a vestibulum ultrices, mauris elit accumsan lectus, sed cursus velit metus ac purus. Vestibulum ante ipsum primis in faucibus orci luctus et ultrices posuere cubilia Curae;

Donec sit amet eros et neque sollicitudin fringilla. Suspendisse eget nisi ante, vel hendrerit odio. Proin molestie pharetra ultrices. Pellentesque magna arcu, imperdiet hendrerit convallis vel, scelerisque vitae dolor. Nam sapien ligula, pharetra non aliquet in, tristique et tortor. Duis sed orci magna. Proin porttitor nisi eu lorem placerat tincidunt porttitor nisl bibendum. Vivamus adipiscing viverra bibendum. Phasellus consectetur molestie mauris in semper. Suspendisse sed felis lectus, scelerisque molestie nisl. Nullam justo ligula, dictum vitae sollicitudin sit amet, dapibus lacinia tortor. Duis mollis ultrices elit, eget dapibus ligula porta tempor. Mauris viverra vehicula nibh vel tristique. Praesent ultrices diam dui.

Apresentação do teatro de sombras.

osição
à mão dos alunos do segundo ano.

83

UNIDADE 4

Há muitas formas de fazer teatro!

Mamulengos no Museu do Mamulengo, em Olinda, Pernambuco, 2007.

Mamulengo.

Primeiros contatos

Os mamulengos são bonecos usados para contar histórias no Nordeste do Brasil. São tão queridos pelas pessoas que até ganharam um museu em Olinda, no Recife.

Para movimentá-los, o manipulador os veste na mão, como se fossem luvas, ou usa cordas amarradas em partes do corpo dos mamulengos.

25 Observar e fazer mímica

Você sabia que o ator é artista?

Cada linguagem da arte tem seus instrumentos característicos. Pincéis, lápis e tintas são alguns dos recursos mais usados pelos artistas plásticos. Violões, pianos e baterias são exemplos de equipamentos usados por músicos. O próprio corpo é o instrumento mais importante para atores e bailarinos.

Como será que os atores aprendem a se transformar em animais, soldados, enfermeiras, super-heróis e até em árvores?

Eles vivem observando as pessoas, os lugares e tudo o que acontece à volta deles, pesquisando para criar seus personagens.

Imitar os movimentos de pessoas e bichos, como fazem as crianças desde pequenas, é fazer mímica. Os atores também usam a mímica para criar personagens.

Denise Stoklos encenando.

Jogo de adivinhar!

Você vai trabalhar em grupo com até cinco colegas.

Um grupo vai sair da sala e combinar uma mímica para apresentar à classe: tomar banho, passear com cachorro, ler jornal etc. Só não vale falar.

De volta para a sala, os colegas assistem à representação da cena e tentam adivinhar do que se trata.

O grupo que primeiro conseguir adivinhar sai da sala para continuar a brincadeira.

Crianças brincando de mímica.

26 A maquiagem

A maquiagem é um recurso importante usado pelo ator para caracterizar-se, assumindo as características que quer dar ao personagem.

A personagem Emília, do *Sítio do Picapau Amarelo*, foi criada por Monteiro Lobato. Ela já foi representada na TV de maneiras bem diferentes. Compare as Emílias das imagens abaixo.

Cantor se maquiando para ópera chinesa. Singapura, 1993.

Lúcia Lambertini, a Emília do *Sítio do Picapau Amarelo* de 1951 a 1964, na TV Tupi.

Isabelle Drummond, a Emília do *Sítio do Picapau Amarelo* de 2001 a 2006, na TV Globo.

Você vai maquiar as fadas!

Invente a maquiagem dessas meninas que farão o papel de fadas.

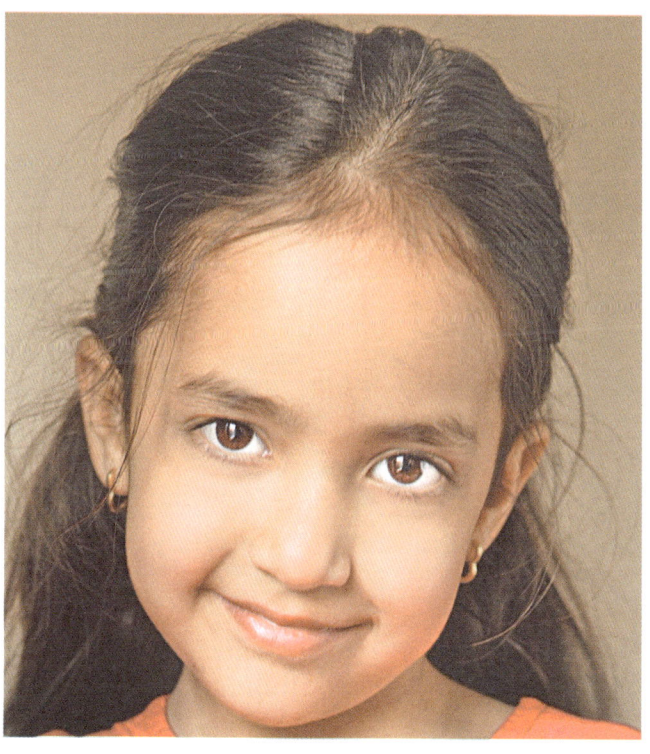

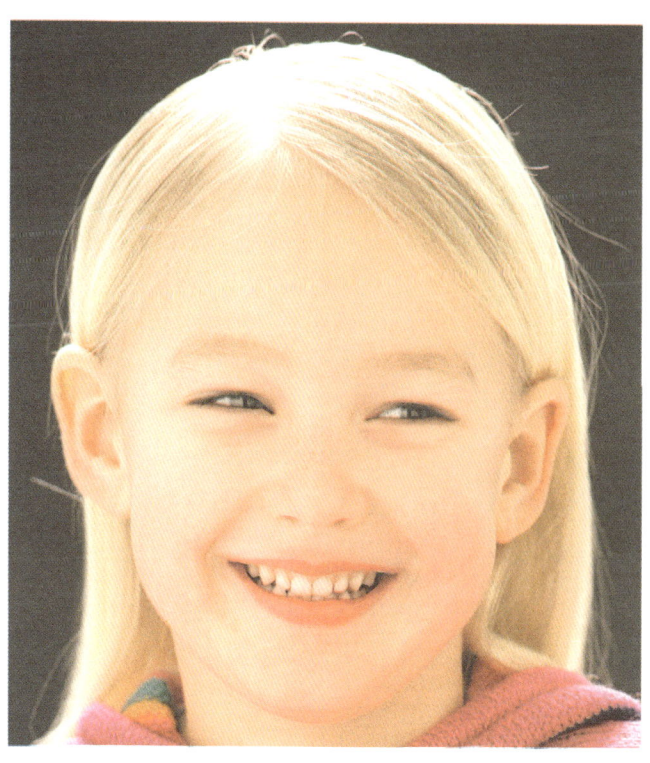

27 O figurino

O figurino é o conjunto de roupas e acessórios usados pelo ator para compor seu personagem.

O Nino é um dos personagens do programa de televisão *Castelo Rá-tim-bum*. Apesar de ele já ter 300 anos, parece jovem e se comporta como criança!

Observe na foto abaixo, à esquerda, como o ator que fez o papel de Nino está caracterizado: rosto, maquiagem, roupas e expressão fisionômica.

- Esse ator chama-se Cássio Scapin. Veja na foto à direita como ele é no dia a dia. É ou não é bem diferente do personagem que representava?

O ator Cássio Scapin no papel de Nino.

O ator Cássio Scapin sem caracterização.

Observe os figurinos desenhados para o espetáculo de balé e teatro *O mandarim maravilhoso* pelo pintor Lasar Segall, imigrante de origem lituana que viveu no Brasil.

O mandarim. Figurino de Lasar Segall para o espetáculo *O mandarim maravilhoso*, 1954.

A jovem. Figurino de Lasar Segall para o espetáculo *O mandarim maravilhoso*, 1954.

Nas companhias de teatro colaboram diversos profissionais, entre eles: diretor, ator, figurinista, maquiador, iluminador e cenógrafo.

Vamos ser figurinistas!

Imagine que você será o figurinista de um ator que fará o papel de pescador e pense nas roupas e nos objetos que ele usará.

- O que ele precisa vestir para se caracterizar bem?
- Que objetos vai utilizar?

    Desenhe no espaço a seguir como ele vai ficar.

28 Máscaras

Máscaras são usadas no teatro há mais de 2.400 anos!

As máscaras abaixo são da Grécia Antiga, de cerca de 500 anos antes de Cristo. Elas têm aberturas para os olhos, o nariz e a boca. Observe como suas expressões são diferentes.

Máscaras do teatro grego, datadas do século 6 a.C., encontradas na Itália. A da esquerda foi feita em cerâmica e a da direita em mármore.

As máscaras também são usadas por personagens de cinema e TV. Conhece o Zorro? A máscara dele é de tecido.

Zorro, representado pelo autor Guy Williams, 1958.

- Você conhece outros personagens que usam máscaras?

Aprenda a fazer máscaras

Junte-se a um colega e reúnam tiras de papelão e de jornal, grampeador, cola, tesoura escolar, elástico ou barbante, fita-crepe e guache. Depois, sigam as instruções.

- Com uma tira de papelão, contornem o rosto: vão até o alto da cabeça e voltem ao queixo.

- Tirem da cabeça e grampeiem as duas pontas da tira para ter uma alça do tamanho de seu rosto.

- Grampeiem na alça de papelão outras tiras em sentido horizontal, deixando-as arredondadas.

- Do mesmo modo, grampeiem mais tiras no sentido vertical. Cubram a ponta dos grampos com pedaços de papel ou de fita-crepe.

- Mergulhem tiras de jornal em cola branca diluída com um pouco de água. Colem-nas sobre as tiras grampeadas, formando várias camadas.

- Esperem secar.
  Não se esqueçam de marcar o lugar onde vocês vão recortar os olhos para enxergar, o nariz para respirar e a boca para falar. Coloquem a máscara sobre o rosto para verificar os lugares certos e depois desenhem a cara da máscara.

- Em seguida, recortem os orifícios com tesoura. Depois, pintem com guache.

- Grampeiem um elástico que permita ajustar a máscara em seu rosto.

- Se quiserem, pintem ou colem pedacinhos de lã, de tecidos etc. para fazer sobrancelhas, bigodes, barba e cabelos.

95

29 Teatro de máscaras

As máscaras gregas, que você conheceu no capítulo anterior, eram usadas em apresentações feitas em locais como o da imagem abaixo, chamados de anfiteatro.

Reparou que ele não tem cobertura?

Teatro grego na cidade de Epidauro, Grécia.

Você sabia?

A arquitetura dos antigos anfiteatros gregos, construídos a céu aberto, permitia que uma pessoa na última fileira da arquibancada escutasse com perfeição tudo o que os atores falavam no centro da arena. E sem usar microfone!

Hora de contar histórias!

Reúna-se com um grupo de colegas e inventem uma história para representar usando as máscaras que fizeram!

- Para criar a história, inspirem-se em suas máscaras. Coloque a sua à vista, junto às dos outros colegas, e conversem sobre as ideias que surgirem.

- Escolham um espaço adequado para a apresentação.

- Apresentem a história que inventaram e assistam às dos outros grupos.

- No final, vocês podem conversar sobre as apresentações.

Criança apresentando uma história.

30 Bonecos da Turquia

Assim como as máscaras, a projeção de sombras é um recurso muito antigo utilizado para contar histórias no teatro.

Os espetáculos de sombras da Turquia são famosos. Seus personagens principais são o Karagöz e o Hadjeivat. Eles são representados por dois bonecos feitos de couro furado. Assim, a luz projetada no palco pode passar através dos recortes.

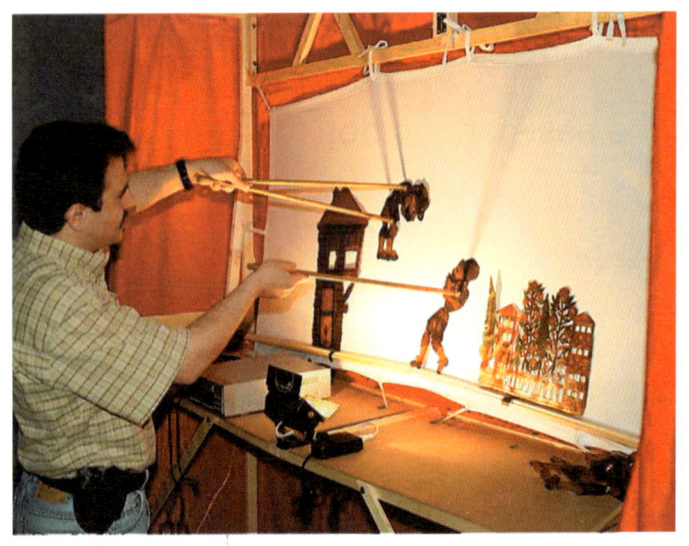

Espetáculo de sombras, na Turquia.

Conta a lenda que esses personagens existiram de verdade, eram pedreiros que viviam discutindo enquanto construíam uma mesquita. Quem passava pela obra parava e se divertia com suas brigas.

Mas, quando o Sultão soube da bagunça, mandou enforcá-los!

Os dias na obra da mesquita nunca mais foram os mesmos, os colegas sentiam falta das brigas dos dois. Cada vez mais tristes e desanimados, resolveram revivê-los como bonecos de teatro. Assim, são conhecidos até hoje!

Você gostaria de brincar com os bonecos Karagöz e Hadjeivat?

Hadjeivat, à esquerda, e Karagöz, à direita, personagens tradicionais do teatro de sombras da Turquia.

Vamos montar nossos bonecos!

Nas páginas 117 e 119, você encontrará as peças necessárias para construir os bonecos Karagöz e Hadjeivat.

As imagens abaixo mostram como você e seu colega devem montá-los. Destaquem as partes dos bonecos e encaixem-nas com grampos de prender papel perfurado.

Prontos os bonecos, prendam a cabeça deles num palito, como indicado na imagem ao lado.

No escuro, experimentem movimentá-los por trás de um lençol iluminado.

Vocês podem criar um diálogo entre os bonecos.

Emprestem a eles suas vozes e movimentem-nos com os palitos.

O que vocês imaginam que eles vão fazer juntos?

99

31 Teatro de sombras

No teatro, a luz e a sombra, a cena iluminada e a cena escura são recursos que podem oferecer resultados fantásticos.

Existem grupos de teatro que só trabalham com sombras. Já imaginou?

Observe como o trabalho de um desses grupos é interessante e bonito. Eles usam o corpo inteiro para fazer sombras. Repare que há sombras de várias cores!

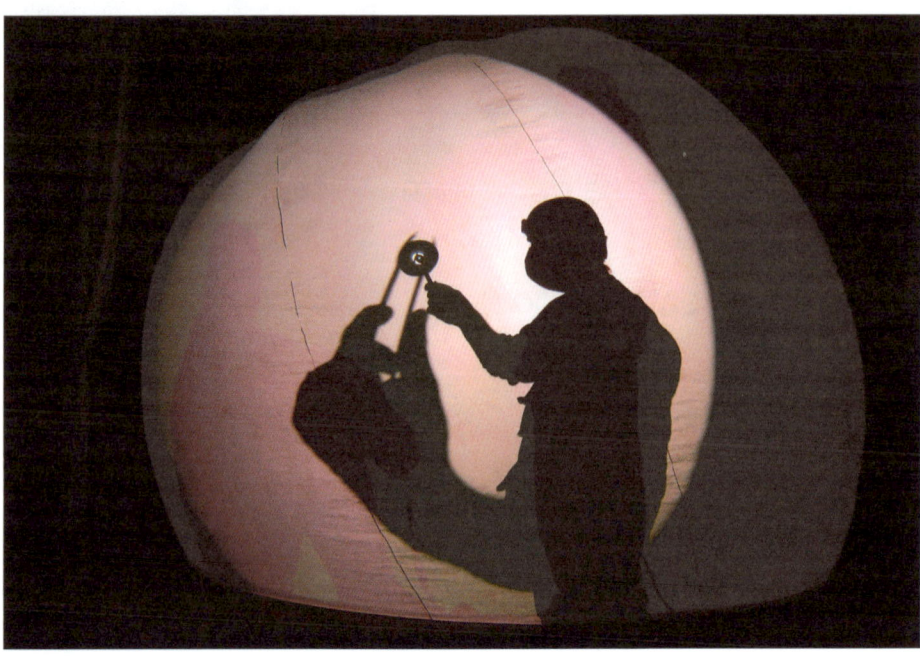

Cenas de *experimento: Transapiens*, teatro de sombras apresentado pela Cia. Teatro Lumbra no Centro Cultural Usina do Gasômetro, em Porto Alegre, 2006.

Animais de sombras podem se mexer!

Você já brincou de formar animais com as mãos?

Experimente imitar as posições das mãos mostradas nesta página do livro e na seguinte. O maior desafio é descobrir como fazer os animais se movimentarem.

Depois projete as sombras formadas pelas mãos em um lençol.

Que tal se reunirem em grupos de seis para fazerem juntos seus bichos numa floresta de teatro de sombras?

Vocês conseguem fazer esse elefante mexer a tromba?

O caracol pode se deslocar devagarinho e mexer as antenas.

101

Como vocês vão fazer seu cavalo comer?

Esse caranguejo pode andar de lado.

Vocês conseguiriam fazer essa lebre saltar?

A língua é a marca registrada da serpente. Façam-na com tirinhas de papel.

32 Teatro de bonecos

O teatro de fantoches é um espetáculo feito com bonecos manipulados. Eles podem ser movimentados por varetas ou cordas ou vestidos como luvas.

Dependendo da região do Brasil, eles têm nomes diferentes.

Em Minas Gerais, São Paulo e Rio de Janeiro, são chamados de briguelal ou joão-minhoca. Na Paraíba e em Pernambuco são os babaus ou beneditos. Nos outros estados do Nordeste do Brasil, são conhecidos como mamulengos.

Animação de mamulengos.

Palco de teatro de mamulengos.

Vamos fazer um mamulengo!

Você vai precisar de: um copo de plástico, tirinhas de jornal retorcidas, tiras de jornal, fitas coloridas largas ou retalhos de tecido cortados em tiras largas e cola branca.

1

- Para dar volume à cabeça, torça as tirinhas de jornal.
  Mergulhe-as na cola e remova o excesso.
  Cole em cima do copo para formar a cabeça.

2

- Cole tiras de jornal (sem torcer) para dar acabamento ao boneco. Mergulhe-as antes em cola diluída com um pouco de água.

3

- **Antes** que seque, cole em volta da cabeça do boneco as fitas coloridas largas ou os retalhos de tecido.

- Espere secar e pinte os detalhes do rosto do boneco.

- Você também pode fazer os cabelos com pedaços de lã, tiras de tecido, palha etc.

Agora só falta dar nome, personalidade e voz ao mamulengo. Enfim, dar-lhe vida! Quem ele vai ser?

A música é muito importante na apresentação dos bonecos.

Escolha com os colegas algumas músicas que combinem com seus bonecos. Inventem uma história para eles e pensem qual música usarão em cada cena.

105

Refletindo mais

Os sons e o teatro

O som, a voz e o modo de dizer as coisas são importantes para dar vida a um personagem.

Agora, você vai conhecer as vozes de personagens assustadores ao ler e cantar a música A noite no castelo, de Hélio Ziskind!

Hélio Ziskind

A noite no castelo

A noite no castelo é mal-assombrada
Lá tem um fantasma que faz uuhuh
E tem uma bruxa também que faz ÁhÁh...
E tem um vampiro que faz...
Ssssszzzz!

Letra, voz, sintetizadores e sampler: Hélio Ziskind.
CD *Quero passear*. Selo Palavra Cantada, 1998.

- Se você fosse colocar esses personagens e objetos em cena, que vozes e sons inventaria para eles?

- Vocês podem gravar os sons que inventaram e escutar depois, brincando de lembrar a que objetos e personagens eles estão relacionados.

De leitor para leitor

UNIDADE 1 — Como nossos ancestrais faziam arte?

Livros

- **A gruta de Lascaux**

    Sylvie Girardet. São Paulo: Companhia das Letrinhas, 2000.

    Você está interessado em saber mais sobre como os seres humanos da pré-história faziam as pinturas nas cavernas? Este livro conta.

- **Dinossauros do Brasil**

    Luisa Massarani. São Paulo: Cortez. 56 páginas.

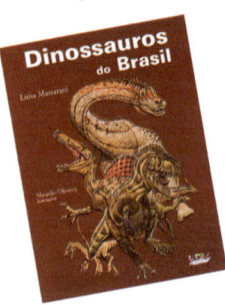

    Se seres humanos e dinossauros nunca se encontraram, como sabemos da existência desses bichos? Esse livro, além de apresentar a vida e o mundo deles, mostra ao leitor como os cientistas montam o quebra-cabeça sobre os dinossauros com base em pistas deixadas por eles há milhões de anos.

- **Arte rupestre**

    Hildegard Feist. São Paulo: Moderna. 32 páginas.

    Trata-se de um livro sobre aquelas imagens desenhadas, pintadas ou gravadas que os homens pré-históricos deixaram na superfície de pedras naturais, muitas delas em cavernas, e que sobreviveram ao tempo.

- **A história de um fóssil de dinossauro**

    Matthew Lilly; Jacqui Bailey. São Paulo: DCL. 32 páginas.

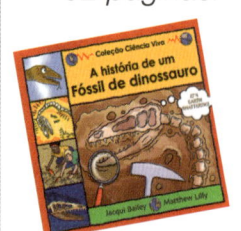

    Essa é a história de como os ossos do dinossauro se transformaram em pedras diferentes, chamadas fósseis. Saiba como os fósseis são descobertos e o que acontece com eles até serem expostos no museu.

- **A vida dos dinossauros**

    Rosicler Martins Rodrigues. São Paulo: Moderna. 48 páginas.

    O livro mostra como, com base em estudos, pesquisas e fósseis, os cientistas tentam recriar o hábitat dos dinossauros, seu modo de vida, e aprender sobre as diferentes espécies. Traz também hipóteses sobre a causa de seu desaparecimento.

- **O homem na pré-história**

    Rosicler Martins Rodrigues. São Paulo: Moderna. 56 páginas.

    Saiba mais sobre a vida na Pré-história lendo esse livro.

E-book

- **A arte rupestre no Brasil**

    Formato: Adobe PDF E-book. Madu Gaspar. São Paulo: Zahar Ebook. 88 páginas. (Descobrindo o Brasil)

    O livro traz um panorama da arte rupestre brasileira no espaço e no tempo, destacando a estética dos grafismos feitos por caçadores pré-históricos que ocuparam o Brasil. Revela, ainda, como os especialistas interpretam esses registros.

UNIDADE 2
Arte que se multiplica

Livros

- **No tempo de Warhol — o desenvolvimento da arte contemporânea**

    Antony Mason. São Paulo: Callis. (Coleção Arte ao redor do mundo.)

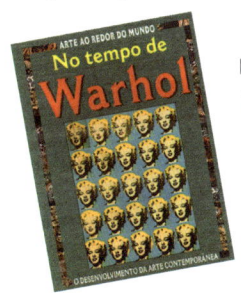

    Nesse livro, você vai conhecer melhor o trabalho do artista Andy Warhol.

- **Claudio Tozzi**

    Regina Machado. São Paulo: Moderna. (Coleção Mestres das artes no Brasil.)

    O artista brasileiro Claudio Tozzi também foi ligado à arte *pop*. Será que ele também fez obras repetindo imagens?

- **Alfredo Volpi**

    Nereide S. Santa Rosa. São Paulo: Moderna. (Coleção Mestres das artes no Brasil)

    Esse livro apresenta várias pinturas do artista brasileiro Alfredo Volpi elaboradas com formas repetidas.

- **Xilogravura – arte e técnica**

    Anico Herskovits. São Paulo: Pomar Editorial.

    A xilogravura é uma técnica muito antiga e esse livro mostra desde como as gravuras são feitas até um pouco sobre a história da xilografia.

- **Gravura**

    Lígia Santos, Lígia Rego, Tati Passos. São Paulo: Moderna. (Coleção conhecendo o ateliê do artista)

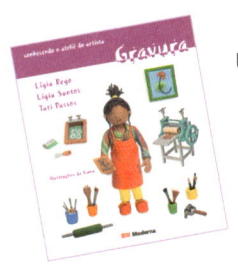

    Nesse livro, você vai conhecer um pouco da obra de quatro importantes gravuristas e os diferentes materiais relacionados à gravura.

- **Gravura aventura**

    Katia Canton. São Paulo: DCL.

    Essa obra procura ensinar o que é uma gravura e tem como objetivo mostrar que essa arte está mais presente na vida das pessoas do que elas imaginam.

109

De leitor para leitor

UNIDADE 3

Onde os artistas fazem e mostram sua arte

Livros

- **Meu museu**

  Maísa Zakzuk. Ilustrações de Daniel Kondo. São Paulo: Panda Books. 40 páginas.

  Quer saber mais sobre os museus? Esse livro é um bom começo.

- **Pequena viagem pelo mundo da arte**

  Hildegard Feist. São Paulo: Moderna. 112 páginas.

  Nesse livro, você vai conhecer diversos lugares onde os artistas fazem e mostram sua arte.

- **Pintura: conhecendo o ateliê do artista**

  Lígia Rego, Lígia Santos, Tati Passos. São Paulo: Moderna. 40 páginas.

  Nesse livro, conhecemos um pouco da obra de importantes pintores e algumas técnicas de pintura, cada uma com características particulares.

- **Ernest e Celestine: músicos de rua**

  Gabrielle Vincent; Luciano Vieira Machado. São Paulo: Salamandra. 30 páginas.

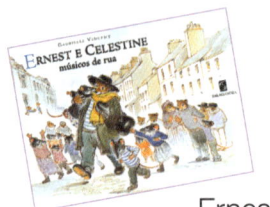

  O sótão está cheio de goteiras! É preciso consertar o telhado. Mas como? Vai custar um dinheirão! Celestine tem uma ideia: E se Ernest tocasse violino na rua?

- **A arte da animação**

  Raquel Coelho. São Paulo: Formato. 48 páginas.

  A arte da animação tem como objetivo informar os jovens leitores sobre como fazer animação, apresentando informações e mostrando cenários, personagens, objetos e fatos relacionados ao tema do livro.

- **A arte dos quadrinhos**

  Raquel Coelho. São Paulo: Saraiva. (No caminho das artes)

  O livro mostra o surgimento e a evolução dos quadrinhos, chegando aos dias de hoje. Trata dos primeiros heróis dessas histórias, dos diversos estilos, da importância cultural e econômica dessa arte popular no mundo inteiro. As ilustrações são feitas de sucata, retalhos, bonecos, pequenos objetos e desenhos.

110

UNIDADE 4
Há muitas formas de fazer teatro!

Livros

- **Pequena viagem pelo mundo do teatro**
  Hildegard Feist. São Paulo: Moderna, 2005. 
  Conheça melhor o mundo do teatro lendo esse livro.

- **O teatro de sombras da Ofélia**
  Michael Ende e Friedrich Hechelmann. São Paulo: Ática. (Coleção Clara Luz) 
  Ofélia acaba esquecendo a velhice e a solidão quando encontra uma série de sombras que lhe pedem abrigo.

- **Fantoches, bonecos articulados e cia. de papel e cartolina**
  Ingrid Moras. São Paulo: Paulinas. (Coleção Brincando com dobraduras) 
  Esse livro mostra como fazer fantoches e bonecos articulados.

- **Charlie e Lola – meu livro de adesivos do teatro da escola**
  Lauren Child. São Paulo: Log On. 
  Além de ilustrar o livro, os adesivos podem ser reutilizados pelo leitor para criar suas próprias histórias de teatro.

- **Moda: uma história para crianças**
  Katia Canton e Luciana Schiller. São Paulo: Cosac Naify. 
  Gostou de brincar de figurinista? Esse livro ensina muitas coisas interessantes sobre as roupas e a moda!

E-book

- **Uma aventura no teatro**
  Formato Adobe epub ebook. Isabel Alçada. São Paulo: Leya Ebook. (Coleção Uma aventura)
  Um grupo de crianças é convidado para conhecer os atores e assistir aos ensaios de uma peça que vai entrar em cena. Para surpresa de todos, a visita foi mais emocionante do que esperavam, pois muitas coisas misteriosas acontecem nessa visita ao teatro.

Créditos das fotos

(da esquerda para a direita, de cima para baixo)

As imagens identificadas com a sigla CID foram fornecidas pelo Centro de Informação e Documentação da Editora Moderna.

p. 3	Rômulo Fialdini.
p. 8/9	Rodolfo Nogueira.
p. 9	Mauricio Simonetti/Pulsar Imagens; Rodolfo Nogueira.
p. 10	Mauricio de Sousa Produções Ltda.; Hanna Barbera/Everett Collection/Keystone.
p. 11	Everett Collection/ Everett/ Latinstock.
p. 12	Fabio Colombini; Fernando Favoretto/CID.
p. 13	Fabio Colombini.
p. 14	Marcelo Leite/Folhapress; Erich Lessing/Album/Latinstock; Nair Benedicto/N-imagens.
p. 15	Ricardo Azoury/Olhar Imagem.
p. 16	Alinari/TopFoto/Keystone (imagem inteira e detalhes 1, 3, 4); CID (detalhe 2).
p. 17	Alan Levenson/Photographer's Choice/Getty Images.
p. 18	Armando Favaro/Agência Estado.
p. 19	Jerome Chatin/Gamma/Getty Images.
p. 21	Fotos: Fernando Favoretto/CID.
p. 24	Corel Stock Photos/CID (imagem inteira e detalhe).
p. 25	Bragin Alexey/Shutterstock.
p. 26	Daniel Maurer/AP/Glow Images.
p. 28	Carlos Cecconello/Folhapress.
p. 30/31/32	Coleção particular.
p. 34	Fernando Favoretto/CID.
p. 35	Claude Huston/Time Life Pictures/GettyImages; Museu Nacional de Arte Moderna/Centro Georges Pompidou, Paris. Philippe Migeat/CNAC/MNAM/RMN/Other Images. AUTVIS, 2012.
p. 39	Paulo Manzi/CID.
p. 41	Fotos: Reprodução.
p. 42	Fotos: Paulo Manzi/CID.
p. 44	Baptistão/Agência Estado.
p. 45/46	Fotos: Sérgio Dotta Jr./CID.
p. 48	Saul Steinberg, *Untitled*, 1948. Ink on paper, 36,2 x 28,6 cm. Beinecke Rare Book and Manuscript Library, Yale University. © The Saul Steinberg Foundation/Artists Rights Society (ARS), New York/ Licenciado por AUTVIS, Brasil, 2012.
p. 49	IngeMorath © The IngeMorath Foundation USA. Untitled (from the Mask Series with Saul Steinberg), 1959. Mask by Saul Steinberg © The Saul Steinberg Foundation/ARS, New York. Photograph by IngeMorath © The IngeMorath Foundation/Magnum Photos/Latinstock; *The Line*, 1954. Saul Steinberg, *The Line* (detail). Ink on paper, 45,7 x 1.026,2 cm. The Saul Steinberg Foundation, New York. © The Saul Steinberg Foundation/Artists Rights Society (ARS), New York/ Licenciado por AUTVIS, Brasil, 2012.
p. 54	Coleção do artista, São Paulo.
p. 56	Warhol, Andy. *Autorretrato*, 1996. Andy Warhol Foundation/Licenciado por AUTVIS, Brasil, 2012/ Museu de Arte Moderna, Nova York.
p. 58	Tasso Marcelo/Agência Estado; Leonardo Guelman.
p. 59	Leonardo Guelman; Juan Guerra/Agência Estado; Chico Nelson/Editora Abril; André Valentim/Strana/Editora Abril; André Valentim/Strana/Editora Abril.
p. 60	Adriana Zehbrauskas/Folhapress.
p. 61	Fotos: Fernando Favoretto/CID.
p. 62	Cortesia de Túlio Pinto.
p. 63	Cortesia Cylene Dallegrave; Cortesia Cylene Dallegrave; Cortesia de Lilian Maus/Coleção da artista; Cortesia Túlio Pinto/Coleção do artista.
p. 64/65	Cortesia Túlio Pinto/Coleção do artista.
p. 66	Fotos: Fernando Favoretto/CID.
p. 67	Fotos: Paulo Manzi/CID.
p. 68	Júlio Alessi; Tirinhas: Chantal Herskovic.
p. 70	Mauricio Simonetti/Pulsar Imagens.
p. 71	Paulo Fridman/Pulsar Imagens; Juca Martins/Olhar Imagem; Gerson Gerloff/Pulsar Imagens.
p. 72	Caio Guatelli/Folhapress; Jose Luis Pelaez/Corbis/Latinstock; Cris Bierrenbach/Folhapress.
p. 74	Andre M. Chang/Alamy/OtherImages; Bernard Martinez/Opção Brasil Imagens; Alberto César Araújo/Folhapress.
p. 76	Moacyr Lopes Junior/Folhapress; Carlos Rhienck/Hoje em dia/Agência Estado; João Luiz Bulcão/Tyba.
p. 77	João Wainer/Folhapress; Ricardo Nogueira/Folhapress.
p. 78	Filipe Redondo/Folhapress; Filipe Redondo/Folhapress.
p. 80	Cortesia BijaRi.
p. 84/85	Guga Matos/JC Imagem.
p. 85	Marcos Michael/JC Imagem; Rafael Medeiros/JC Imagem.
p. 86	Galvani Neto.
p. 87	Marcos Fernando Favoretto/CID.
p. 88	K.M. Westermann/Corbis/Latinstock; Arquivo Multimeios/Centro Cultural São Paulo; Antônio Gaudério/Folhapress.
p. 89	LWA-Sharie Kennedy/Corbis/Latinstock; Gérard Boutin/Hoa-Qui/Other Images; Alex Mares-Manton/Asia Images/Getty Images; Digital Vision/Getty Images.
p. 90	TV Cultura; Robson Fernandes/Agência Estado.
p. 91	Imagens do Museu Lasar Segall, São Paulo.
p. 93	MimmoJodice/Corbis/Latinstock; Costa/Leemage/Other Images; Everett Collection/Keystone.
p. 94/95	Fotos de Sérgio Dotta Jr./CID.
p. 96	Jean Pragen/Stone/Getty Images.
p. 97	Sérgio Dotta Jr./CID.
p. 98	Imagens: cortesia de Hasan Hüseyin Karabag/Istambul Kâtibim Karagöz Evi.
p. 99	Fotos: Sérgio Dotta Jr./CID.
p. 100	Fotos: Fabiana Bigarella/Cia Teatro Lumbra/www.clubedasombra.com.br.
p. 101/102	Fotos: Paulo Manzi/CID.
p. 103	Rômulo Fialdini (imagem e detalhe).
p. 104/105	Fotos: Sérgio Dotta Jr./CID.
p. 106	Katia Kuwabara/Divulgação.

Encarte referente à página 38.

113

Encarte referente à página 50.

Encarte referente à página 99.

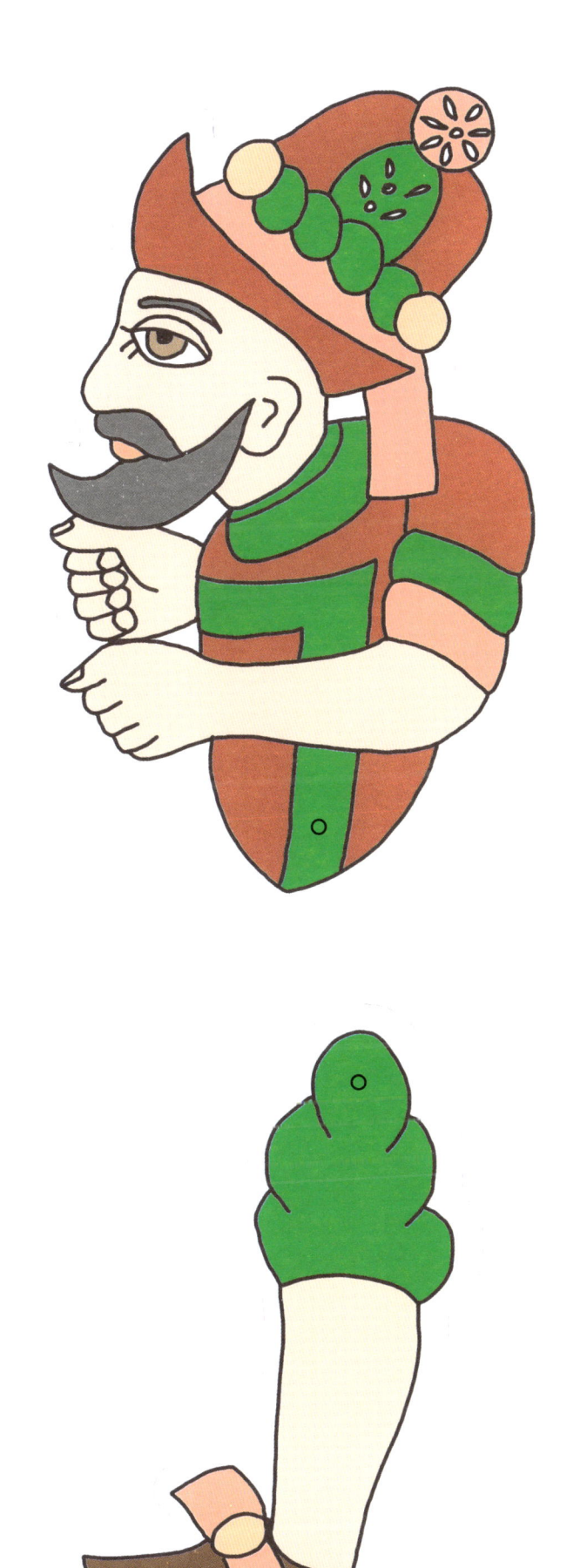

Encarte referente à página 99.

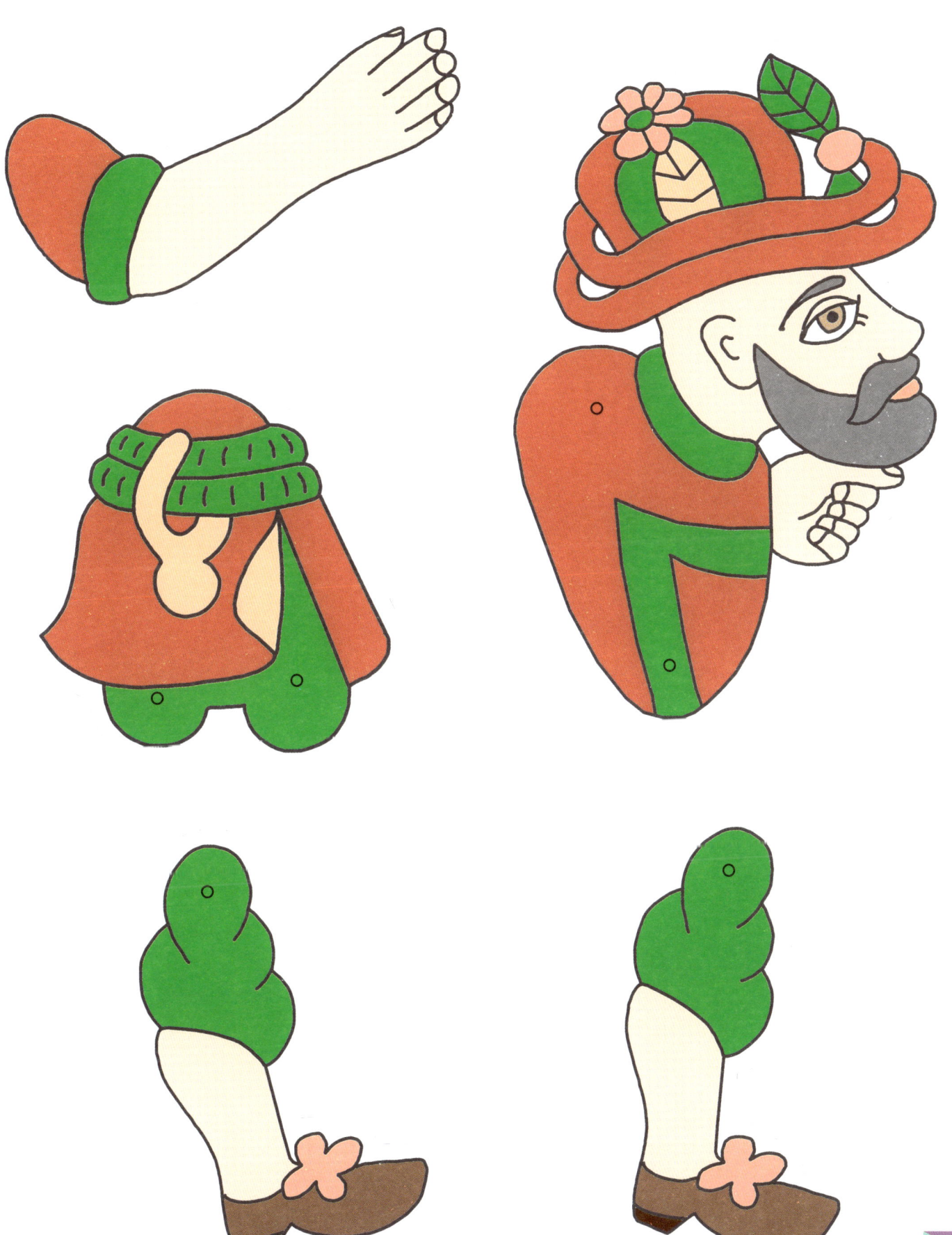